人生に必要な100の言葉

頑張りすぎなくてもいい
心地よく生きる

精神科医・医学博士
斎藤茂太

青春出版社

はじめに

『人生に必要な100の言葉』刊行にあたって

二〇〇六年一一月二〇日、父・茂太は苦しむこともなく家族に見守られ静かに九十年の生涯を閉じた。

数本の原稿と企画を抱え多忙にしていた父が、体調を崩し緊急入院してから逝くまでわずか三週間、「ピンピンコロリ」の最期を理想としていた父らしい死に方であった。

父の生い立ちはかなりユニークだ。

神経質で几帳面、内向的な父・茂吉と自己中心的で天衣無縫な母・輝子という水と油の超個性的両親の長男として生まれ九歳まで一人っ子で、育児に無関心な母に代わり大甘なばあやによって育てられた。自宅は大病院の中にあり遊び相手は入院患者さんだった、というから幼少時代の環境が「モタさん」を形成したと言っても良いだろう。

父は常々、長寿時代となった今日こそ過去にとらわれることなく、前向きに生きることが大切と説いていた。つまらない人生ではもったいない。かけがえのない時間を自分らしくシンプルに、そしてゆったり、あっけらかんと生きていけば、自ずと「楽しい人生」になる、と。

古稀を迎えた私だが、人生の後半生を余生として過ごすのではなく、「もう一つの人生」として自分らしく楽しんでいきたいと思っている。

本書は、父が他界した二〇〇六年に刊行された『人生に必要な100の言葉』のリニューアル版である。

九十歳を機に、これまでの著作の中で触れてきた「楽しい人生を送るためのヒント」を一冊にまとめて頂けないかという、出版社の依頼に応えたものだったと、記憶している。そのため、この本には、父が長年の人生の中で自ら実践し、生涯大切にしてきた「楽しく生きるための知恵や考え方」が、まとまっている。

父独自の楽しい生き方のヒントがまとまった、集大成ともいえる一冊を、没後一〇年、

はじめに

生誕一〇〇年の節目の年に発行して頂けることを有り難く感謝申し上げるとともに、亡き父の言葉が皆様の心に届きますよう、心から祈念いたします。

二〇一六年一一月吉日

斎藤茂一

『人生に必要な100の言葉』 目次

目次

第2章

第4章 快適人生に必要な25の言葉……169

～気楽に生きる

第1章

笑顔の人生に必要な25の言葉

~ワクワクする毎日を生きる

1　一回緊張したら一回リラックスしましょう

私が講演会などで、よく話す言葉のひとつに、こんなものがあります。

「こころの安定は健康の第一条件です。だから、ほどほどに緊張し、ほどほどにリラックスする生活を心がけています」

これは、「ほどほど主義」を楽しい人生のモットーとしている私の姿勢を、わかりやすく表しています。緊張と弛緩のバランスの取り方は、そのときどきによって少しずつ違ってきますが、基本はいつも同じです。

古代中国の「五経《ごきょう》」のひとつで、礼式に関するものに、『礼記《らいき》』という書がありますが、そのなかに「一張一弛《いっちょういっし》」という言葉があります。一回緊張したら一回リラックスするということです。まさに私が言わんとするところを、ズバリと言い当てています。「楽しい人生」とは、人類の遙かむかしから、大切な共通項があるということですね。

私は今年、ついに九十歳の大台に到達しましたが、二年前の八十八歳まで、現役の医者でした。実はこれよりずっと以前に、一度は医者を引退しようと思った時期がありました。ところが、診察をしない生活を始めてみると、何とも物足りなく、こころが安定しない自分に気づいたのです。

そして、いったんは辞めたのですが、三カ月後には復帰してしまいました。身体もこころも人並みに動く私にとっては、隠居生活は、やはり不似合いだったのです。

私の場合は、病院の診察を辞めても、本格的な隠居生活に入るわけではありません。公務で、「アルコール健康医学協会」、厚生労働省関係の外郭《がいかく》団体「シニアプラン開発機構」、「日本旅行作家協会」のそれぞれの会長、「日本ペンクラブ」の名誉会員など、いくつかの「仕事」がありますが、一張一弛の心地よい緊張感は、やはり「本業」にしかないということだったのでしょう。

しかし、八十五歳を過ぎたあたりから、院長職は息子に譲り、自分は週二回程度の診察に変えました。歳相応のバランスを考えたのです。患者さんと接している時間は楽しいですし、また患者さんから教えていただくこともあります。そして私にとって、いちばんこころの張りになるのは、私に会うのを楽しみにして来院される患者さんがいるということでした。「いい会話」はお互いに、大切なこころの支えになることを何度も実感しました。

よく考えてみれば、われわれの身体だって、交感神経と副交感神経のバランスを上手に働かせることで、健康体を維持しているのではないでしょうか。「楽しい人生」とは、張だけ、弛だけにならない生活を心がけるということなのです。

2 自分だけのこころの居場所をつくる

『男の隠れ家』という雑誌があります。私は、必ずしも熱心な読者ではないのですが、大量の「ご隠居さん」を抱えている、わが国の社会事情を思うと、実に「言い得て妙」なネーミングの雑誌だなと、いたく感じ入ります。もっとも、読者がご隠居さんとは限りませんから、多くの人に支持されているのだと思います。

ちょっと知的な熟年世代向けの雑誌のはしりは『サライ』(小学館)だと思いますが、ふたつの雑誌の共通項は、「豊かなこころの居場所」を提供する、ということでしょう。居場所と言っても、特定のスペースとは限りません。むかし懐かしいグッズであったり、自然探訪であったり、お寺巡りであったり、何でもいいわけです。豊かなこころを育むものであれば、対象にはこだわらないのです。

現在はこの種の雑誌がたくさんあります。こころに余裕を持ちたい、豊かな人生を送りたい、と願う人が、いまの日本には大量にいるということの証明です。よく考えてみれば、この本もそういう願いを込めて世に問おうとしているわけでした。

「自分だけのこころの居場所」と、そう考えてみるとき、真っ先に思い浮かぶのは書斎でしょう。小さな部屋であっても、書斎を持つということは、自分の城を持つということです。家族の誰にも邪魔されない、自由でゆとりのある空間ということになりますが、書斎だからと言って、本を読むとは限りません。

並べたグッズを見ながら、お酒をちびりちびりやるのも悪くはないし、集めたレコードやCDで、クラシックやジャズを聴くのもけっこうです。小さなミニシアターにして、毎日ビデオで名作を観るのもおすすめです。とにかく、「こころの居場所」は、楽しい人生をつくるには、願ってもない空間だということです。

私は、いまでこそ、病院は息子にまかせておりますが、二年前までは、病院での仕事、度々の講演、ひっきりなしの雑誌や本の執筆、加えて何とか時間を見つけての旅行と、かなり忙しい毎日の連続でした。私は、断らない人間、いや断れない人間なので、日がな一日、のんびりと家にいるということは、まずありませんでした。

そんな私が、夜の短い時間ですが、こころの居場所として欠かせなかったのが、書斎と一続きになった居間なのです。所狭しと飛行機関連のグッズが並べてある一室で、エグゼクティブ用の椅子に座って、水割りや地酒を一杯やるのです。こころはもうフライト気分なのです。近くを通るカミさんが、フライトアテンダントに見えることもあるくらいですから。どうやら、男も女も「逃げ込める穴」は必要なようですね。

3　悩み事にも締め切りをつくっておくことです

「締め切り日」があると不愉快だから、いい原稿が書けない、という人がいるらしいですが、私はその逆です。締め切り日がないと、かえって、いい原稿が書けないのです。もちろん、原稿の内容にもよりますから、どちらが正しい、という問題ではありません。この締め切り日について、もっと話をふくらませて、楽しい人生との係わりを考えてみたいと思います。

そもそも、どんな作業にも、締め切りというものはあるものです。われわれは「納期」という言葉をよく使います。この納期がなければ、仕事が上手《うま》く運ばないわけです。納期とは、信用の代替語なのです。

私は、自分が係わっている、ほとんどあらゆることに締め切りを設定しています。メモの習慣は、一年三六五日、毎日締め切りがあります。これだけは、半世紀以上にわたって、一日も欠かしたことがありません。今日あった出来事のあらましを、その日のうちにメモするのです。こころが整理できてホッとしますから、プレッシャーなどは、微塵《みじん》もありません。

雑誌や本の締め切り日も、自分でキチンと設定しておきます。あらかじめ、どのくらい時間がかかるのかを「腹づもり」で計算をしておきます。この「腹づもり計算法」がありますから、「締め切りに間に合わなかった」ということは、めったにないのです。

そして、ここまできて、いよいよこの項の核心に入ります。その核心とは、

「悩み事にも、締め切りを設定しましょう」

という、誠に大胆な提案です。大胆ではありますが、私自身で実証ずみの、小さな作業です。小さな作業ですが、効果は誠に大きい、と確信しております。空想のようなことを申し上げるのは、私の好みではありません。

よくある小さな悩み事は、一日一〇分だけ考える、やや大きい悩み事は一日三〇分、たまにやってくる大きな悩み事には一日一時間、と悩む時間を設定して、それ以上は、ムダな時間と考えて、悩まないことです。もちろん、時間の設定は、人によって違っていいのですが、いずれの場合でも長すぎないことがポイントです。

そして、「これだけ考えたのだから」という、適当なところで、妥協策を取るなり、次の行動に移るのです。

どんな悩み事にも、結論を出そうと決心することは大切なことです。そのためにも、締め切りをつくっておくことで、気分がスッキリすることは大いに期待されることです。

4 楽しい人生と親友の数は、同一線上にあります

普通に社会生活をしている人なら、友だちがひとりもいない、という人は、たぶんいないでしょうが、本当の友だちと呼べる人、となると、こちらはぐっと少なくなると思います。ひとりもいない、という人だっているかもしれません。

反対に、多すぎて困る、という人もたぶんいないでしょう。知人ならたくさんいても、こころから友だちづき合いのできる数には、やはり限界があります。

私は、だいぶ前から「貯友論」というものを唱えてきました。何やら、いかめしい表現ではありますが、中味は簡単です。読んで字のごとく、友だちを貯める、すなわちたくさん集める、ということです。

楽しい人生を送るには、気心の知れた、何人かの友だちが欠かせません。ひとりで楽しく、たくましく生きていく「孤独力」も必要ですが、貯友論はもっと大事なことだと思います。難解な哲学的思考もまったく不要です。

貯友論は、すべての世代に共通するのですが、ここではとくに、定年後の楽しい人生を考える必要のある、六十代以降の人たちに眼を向けてみます。

仕事から解放されて、現役時代より元気になり、あちこちと忙しく動き回っている人がいる一方、あまり外出もせず、文字通りの「余生」を送っているような人がいます。この差は何か、を考えると、多くは、親しい友だちの数の違い、ということです。友だちが多ければ、当然外出の機会は増えます。

外出派の例を紹介します。教職を辞した、さいたま市に住む六十代の男性は、数年前から、友人と、「手作りの米作り」を楽しんでいます。数年前から始めたとのことで、田植えから稲の刈り取りまで、一切が手作業です。営農家のアドバイスを受けながら収穫した無農薬の米は大好評で、いまでは小学生の子どもたちまでが参加し、その数は二〇〇人を超えていると言います。

最初は、何気なく参加したイベントでしたが、いまは数十人の親しい友だちもでき、毎日が、イキイキとして、張りのある生活をしているということです。

次に、引きこもり派は、だんだんと外出さえも億劫になり、いずれは「世捨て人」のようになり、ボケの進行も早まります。「生きるために生きる」だけの人になってしまいます。

両者の違いは、友だちの数の違いです。「たかが友だち」と言うなかれ、ですね。

貯友論の結論のひとつは、具体的な友だち集めです。ボランティア活動の参加と同窓会の積極的参加が二大柱です。あとは、参加したら、どんどん人と話をすることです。

5 違う角度から眺めると、意外な発見があるから面白い

「視野が広い」や、「視野が狭い」などという言い方は、多くは人物を評価するときに使われます。「あなたは視野が広い方ですね、とてもいい判断をなされますね」というように、広い視野は、ほめ言葉として使います。

反対に、「そんなに視野が狭くっちゃ、何をやっても上手くいかないでしょう」と、こちらは否定的なニュアンスが強く、マイナスに評価するときに使います。

高い所から見下ろせば、人は広い視野で眺めることができます。超高層ビルの屋上や、山の頂上からの視野は広いということになります。見晴らしがいいから、気分も壮快になります。人間の身体は、見晴らしのいい高い所では、右脳が活性化するα《アルファ》波が出やすくなるようで、リラックスしているときほど、この脳波が優位になるのです。

逆に、「引きこもり」などの、狭い部屋に閉じこもったりする人や、伏し目がちに歩くような人は、視野が狭くなり、人間としての「器《うつわ》」が小さいという評価になるようです。人は緊張した状態では、β《ベータ》波が多くなり、ひたすら脇目も振らずに頑張っているときも同じです。人生を楽しむ余裕は生まれにくい、というわけです。

しかし私は、何ごとも二極化して、人やモノを判断することを好みません。「視野」の場合も同様です。両方の視野で眺めることをおすすめするのです。

視野が広い、と言われる人は、ときには狭い視野で丹念に何かを観察したりするのです。いままで見えなかった面白い発見ができるかもしれません。また、視野が狭いと言われる人は、視野が広いと言われる人の行動を真似ることで、こちらもあらたな人物評価のキッカケになるかもしれません。

なぜこのようなことを言うのかというと、人間の評価を、単純に二極化してはつまらないということを、私は申し上げたいのです。複眼的思考で生きることが、いい人生をつくる知恵だと、いつも思っているからです。ときどきは、いつもと違う視点に立って、ありとあらゆることを見てほしいのです。

ところで、私は「下を向いて歩く人」という、奇妙奇天烈《きてれつ》なニックネームをいただいています。上を向いて歩いても、見えるのは雲だけです。鳥や飛行機が見えることがあるかもしれませんが、真下を向いて歩けば、路上観察の醍醐味《だいごみ》が満喫できるというものです。小石、落ち葉、草や木の種、木の実、あるいは昆虫や落とし物、実にさまざまです。

要は、楽しい人生には、違う角度から見る、思いもかけない発見が、やはり必要だということを申し上げたかったのです。

6　急いで歩くと大切なものを見失います

足元を見て歩く話は、前項で少しだけ書きましたが、ここではさらに、ゆっくりと歩く、あるいはときどきは道草をしてみる、ということについて触れてみたいと思います。本書の重要なメッセージのひとつである「スローライフ」にも係わることですから、「楽しい人生」を支える大事な要件でもあります。

まず、日常の卑近《ひきん》なところから話をすすめていきましょう。いま、自分が住んでいる「所番地」の周辺を、ぶらりぶらりと散歩したことがありますか。寺や神社はありますか。落ち着ける公園のような場所はありますか。川や池はありますか。どんな野鳥や昆虫がいますか。どんな木や草が生えていますか。

そして、これらを眺めて、落ち着いたいい気分になったことがありますか。どんな場所にも、必ず見るべきものがあるはずです。自然が少ないようであれば、建物を見ます。旧《ふる》い懐かしい雰囲気の家はありませんか。新しいビルは、どんな形をしていますか。

小さな好奇心が、人生の楽しみを一挙に増やすことがあります。ゆっくり歩いて、歩きながら周りを観察し、面白そうだったら足を止めて、しばし観察をしてみるのです。こうして、まずは、自宅周辺をゆっくりと歩いてみることです。それが、モノであれ人であれ、思いがけない、幸運との巡り合わせになることもあるのです。

最近、全国で「町並み保存」という考え方が声高に叫ばれるようになりました。旧い家の連なりを文化財として保存しようという動きです。一軒の家だけでなく、周辺の家も含めて保存しようというものです。テレビや雑誌でも、盛んに紹介されていますから、すぐに、「ああ、あれか、確かにあれはいいよね」と、納得する人も、きっと少なくないはずです。私たちは、そんなむかし懐かしい風景を眺めると、なぜかこころが落ち着いて、とてもいい気分になるものです。少なくとも、その場所にいる間は、メルヘンの世界に浸かっているような錯覚さえ覚えるのです。

ヨーロッパの多くの街が美しいのは、旧くて美しいものが、どんなに人間のこころを豊かにするかということを、みんなが知っているということでしょう。「楽しい人生」を考えるときに、彼らヨーロッパの人たちに見習うべきものは、たくさんあると思います。

ここまできて、振り出しに戻してみましょう。どんな場所でも、急いで歩いていては周りは視野に入りません。ゆっくり歩いて、周りの風景を楽しむ習慣を持ちましょう。人生にとって大切なものは、人それぞれみんな違うかもしれませんが、「ゆっくり歩く」というのは、楽しい人生を支える貴重な財産です。

7 「手加減・さじ加減・いい加減」で人生は好転します

私が体得《たいとく》した最良の経験則のひとつに「加減上手になる」ということがあります。ここで言う加減とは、一言で言えばバランスということです。はじめに断っておきますが、私がいつでも加減上手だったということではありません。むしろ、これまで何度も、自らの加減下手を意識したほどです。

そして、その度ごとに、もっと加減上手にならなければいけないと思い、自分なりにあれこれと思案し工夫した結果、何とか「まあまあの加減上手」になれたということなのです。ですから、この項では、私自身の加減下手からの脱出のヒントを紹介することによって、楽しい人生のキッカケがつかめればと念じております。

それはひとつの名言から始まりました。

「完全を望むと麻痺《まひ》が来る」

この言葉は、イギリスの名宰相・チャーチルが言った言葉です。完全を望むということは、いささかのミスも許されないこころの状態です。こころが最大限に張りつめた状態ということです。一瞬の後には破裂してしまうかもしれないのです。

どんな人にも挫折や失敗はついてまわるものです。こころに麻痺が生じないためには、完全を望まない、つまり程良いバランスをとらねばならないということです。

私は、ここまで理解できたときに、「加減」という言葉に思いを馳《は》せたのです。そして、この言葉を日常の「しゃべり言葉」に移し替えてみたときに、「手加減」「さじ加減」「いい加減」をメモに記し、どうやら人生のコツは、こんなところにもあると実感したのです。「手加減」を『広辞苑』で見ると、「相手の程度・場合に応じて、ほどよく調節すること。手ごころ」とあります。また「さじ加減」は、もとはクスリの調合具合を意味するときに使われました。

気になるのは「いい加減」です。デタラメとか、どうしようもない、というような意味に使われることが多いのですが、『広辞苑』には「よい程合い」ともあります。温泉に浸かったときに、思わず「いい湯加減だなあ」と、よく口に出します。とても気分がいい、最高！　と、こころのなかで呟《つぶや》いたりもします。私は、むしろ「いい加減」という言葉には、大切なことがたくさん含まれているという思いが強いのです。

現代は、すべてが慌《あわ》ただしく、いつでもどこでも何かに追われる時代です。こんなときこそ、「手加減・さじ加減・いい加減」と、こころのなかで呟いてみて、自らに、ゆとりある豊かな「こころの花園」をつくっていただきたいのです。

8 「つかず・離れず・干渉せず」は、人づき合いの極意です

楽しい人生を送るうえで、どうしても欠かせないのが人づき合いです。毎日をイキイキとした表情で動き回っている人は、あなたの周りにもきっと何人かはいるでしょう。そんな人は、決まって人づき合いが軽やかではないでしょうか。ですから、周囲に爽やかな好印象を与えるはずです。

男性なら、気配りの上手な優しい人柄の持ち主かもしれません。女性なら、いつもにこにこしていて、笑顔の美しい人かもしれません。いずれにしても、どちらも人間的魅力に溢《あふ》れた人たちです。よく観察してみると、他人に対する気遣い・心遣いが堂に入ってるのです。しかも、その振る舞いがとても自然なのです。なぜなのでしょうか。

男性にしても、女性にしても、「さりげなく相手との距離感を保っている人」、私はここに楽しい人づき合いのできるポイントがあると判断します。仕事でも遊びでも、何でもそうですが、べったりとしていないのです。何でも偏《かたよ》りすぎると、故障が出てくるのは人も機械も同様です。

そこで私は、この楽しい人づき合いのポイントである「適度な距離感」を、すべての人

間関係に当てはまるものと強く実感し、このような言葉をつくったのです。

「つかず・離れず・干渉せず」

私の長い人生体験から、自然に紡《つむ》ぎ出されたこの言葉に、いまでは大いに満足していま す。なぜなら、仕事でもプライベートでも、この原則を守っている限り、ほとんど人間関係での躓《つまづ》きがないからです。

私自身の例をひとつだけご紹介しましょう。驚かれるかもしれませんが、わが斎藤家には「憲法第一条」があるのです。それが「つかず・離れず・干渉せず」なのです。この一条だけで、二条以下はありません。ユーモアや洒落を大事にする私ならではの条文だと、少しばかり照れながら、よく他の著書でも紹介するのです。

わが斎藤家は、全部で五世帯が隣り合って、それぞれに暮らしていますので、決してべったりの関係にならないように、このようなルールを設定したというわけです。隣の家族のインターホーンは決してむやみと鳴らしませんし、外出する子どもや孫たちに、行き先や同伴者、会う人などを、絶対に尋ねたりしません。雨が降っても隣の洗濯物を取り込まない、という徹底ぶりです。この斎藤家憲法一条は、現在、全員に支持されて、その効果の恩恵にあずかっています。適度な距離感とは快適な距離感ということです。

人づき合いのコツは、誰にでもできる簡単なことだということです。

9 仕事では、苦手な相手ほどストレート勝負でいく

世間では、「苦手な相手」とつき合うときは、その人のいいところをできるだけ探して、ほどほどのおつき合いをすることがポイントだと、心理学の先生などがよくおっしゃっています。確かにこれは間違いではないと思います。

しかし、仕事や職場に限って言えば、これではやや逃げ腰のような気がします。プライベートな人間関係なら、これで十分でしょう。無理してつき合わないという、究極の方法だってあるのですから。あまりおすすめはできませんが。

しかし、仕事関係となれば、決してつき合い上手というわけにはならないでしょう。苦手な相手が、上司であったり、仕事先のお得意さんであったりすれば、もっとプラス思考で臨まないと、仕事が上手く進まないことになるかもしれませんし、自分の評価も上がらないかもしれません。

そもそも、苦手な人のいいところを見つけ出すということ自体が、そう簡単にはできないのではないでしょうか。

そこで私は、次のように提案したいのです。

「苦手な人ほど、ときには反対意見も辞さないくらいに、直球勝負でいくことです」

会社というところは、曖昧さを引きずって、いつまでも気持ちよく過ごせる場所ではないのです。会社のなかには、気の合う人、合わない人、好きな人、嫌いな人、さまざまなタイプの人が毎日顔を合わせています。

一人ひとりの個性は、似ているようでけっこう違います。プライベートなつき合いだけで、学生時代まで過ごしてきた新入社員が、異次元の世界に入り込んだようだ、と気が滅入るのも無理からぬことかもしれません。

会議の席上ということで、考えてみましょう。苦手な相手なら、好意的な感情が邪魔しないぶんだけ、ストレートに自分の意見をぶつけることができます。曖昧などっちつかずな姿勢で、ただ話を聞いているだけの会議にはならないはずです。

そうすることで、相手もストレート勝負できますから、会議が盛り上がり、自分の意見が出席者みんなに、大きくアピールできることになります。

私が、「苦手な人ほど、よきパートナーになる」と言ったら、「えっ!」と驚かれるかもしれませんが、それは、仕事力を高めるには、重要なキーワードになるのです。

職場というところでは、敵対する人間がある程度いたほうが、仕事も自分の頭も活性化して、結局は自分も満足するのです。ただ、大風呂敷だけは広げないことですね。

10 ウソをつくときは、堂々とやることです

『平気でうそをつく人たち』（草思社）という本が、ベストセラーとなって、世間を賑わしたことがありました。類書もたくさん出たようでした。あそこまで話題になったのは、第一に、その当時の社会情勢をよく反映していたことがあったと思います。もっとも、その情勢はいまも少しも変わっておりませんが。

私の推測ですが、たぶんウソをついたことのない人はいないのではないか、そして誰が「ウソをつく」という万人の共通項が、この本に関心の眼を向けさせたのではないか、私はその当時、そう思っていました。

そうだとすれば、問題になるのは、「ウソのつき方」ということになります。平気でウソをつくというのは、明らかに人間性を欠き、悪意的であり、周囲に迷惑をかけることが必至です。これでは、やはり困った人ということになるのは当然です。

話の視点を少しずらしてみましょう。ウソの反対は「真実」です。真実とは、正しいもの、善きもの、求めるべきものとして扱われ、人の持つ倫理観として、最高位に位置づけられているのは、古今東西変わらぬ「真実」でしょう。

ところが、真実、つまり本当のことが、ときには人を困らせることがありうる、というのは、たぶん多くの方が、体験上ご存じのはずです。真実を言っては、かえってその人を困らせることになる、ウソだとわかっていても、いまはウソを言っておくべきだ、という場合です。少し前なら、ガンの告知がこれに該当したかもしれません。

ここまできて、それでは、私の「ウソ体験」をお話しいたしましょう。私たち夫婦は、電気で言えば、プラスとマイナス、カミさんは超慎重派、私は超直感派。若いころはよく喧嘩もし、確か一度だけカミさんに卵を投げつけられたことがありました。明らかに私の不始末が原因でしたから、反旗を翻《ひるがえ》すことはできませんでした。

そこで私は、「ウソも方便《ほうべん》」という名言を活用したのです。ウソの内容をここでは紹介できませんが、ひとつだけ申し上げたいことがあります。それは、上手なウソには「演技力」が必要だということです。私だって、カミさんに対して「これだけは一生涯言わずにおこう」という秘密のひとつやふたつは持っています。

そして、ウソをつくときは、堂々とやることです。私がここで言うウソは、その場を円《まる》く収めることが目的のウソです。つまり、傷口を広げないためにウソをつくのです。上手なウソができるようになれば、ちょっとしたトラブルは、気にならなくなります。ただし、他人に「平気でウソをつく」のは、やはり金輪際《こんりんざい》やめていただきたいと思います。

11 大病経験のある人とつき合ってみてわかること

健康のありがたみを感じる人とは、大病を経験したことのある人、というのは、よく言われることです。これは当然のことです。

それでは、大病経験の一切ない人は、健康のありがたみがわからないのか、と問われれば、「それはお門違《かどちが》いでしょう」と、私は答えます。この場合に限って言えば、健康のありがたみなど感じる必要がない、つまりそれぐらい健康だということですから、何も健康のありがたみを云々《うんぬん》するまでもないというわけです。

問題は、健康な人が健康のありがたみを感じるかどうか、ということより、大病をしてしまった人は、健康のありがたみを感じることで、自分を見つめ直し、同時に、人を思いやるこころが育ちやすい環境にあるということです。

これは、苦しい経験から生まれた人間的配慮であり、このことが人間としての魅力につながっていくかもしれない、たいへん大事なことではないかと、私は常日頃よく考えたりするのです。マイナス要因をプラス要因に移し替える代表例のひとつとして、私は、この項目の意図する重要性を考えてみたかったのです。

確かに、人間的評価を決定づける要因のひとつに、経験というものがあります。いい経験ほど、貴重な財産はない、といっても決して言いすぎではないと思います。いい経験の積み重ねができれば、それはもう立派な「楽しい人生」です。

しかし人は、いい経験だけで人生を過ごせるわけではありません。どんな人生にも、いくつかの苦しい体験は付きもの、というのが人生というものです。このことに例外はない、と言ってもいいかもしれませんね。

問題は、その苦しい体験を、人間的魅力に持っていけるかどうか、ということです。なかなか難しいことではありますが、こと病気に関していえば、私もささやかな成功例を持っているのです。四十二歳の厄年に過労で倒れたこと、前立腺肥大症で二度の手術を受けたこと、七十代に入っての大引越しによって、うつ病になりかけたことは、私の人生に、大きな影響を与えました。苦しい日々の闘いがありました。

ただ私には、いまの苦しみは必ず楽しみに変わる、という持ち前の楽観主義がありましたから、その後はむしろ貴重な体験として、我が人生に生かすことができたのです。

患者さんを相手にするときも、経験に基づいたアドバイスは、やはり患者さんのこころの支えになります。大病の経験のある人からは、思いもかけないいい話が聞けることがあるというのは、やはり本当だと思います。

12 「悩み方」には、技術がある

どんな人生にも、悩みは付きものです。悩まない人はいません。人は悩むことによって、次なる新しいステップへと歩み出す、大事なキッカケをつかむことができるのです。ですから、悩むことは必要なことなのです。

問題は悩み方です。どう悩むかです。悩んだままで、現状からいつまでたっても抜け出せないでは困るのです。悩んだ結果、いい打開策が生まれ、目の前が開けて気分がスッキリすれば、それはもういい悩み方をした、ということになります。「悩み上手」と言っていいかもしれません。

それでは、その違いはどうして生まれるのでしょうか。私は、悩みの問題処理にふたつのタイプがあると考えます。ひとつは、「くよくよタイプ」です。もうひとつは、「さばさばタイプ」です。同じような問題を抱えて悩んだときに、前者と後者では大きく分かれてしまうのです。くよくよタイプの人は、「悪いほうにことが運んだら、エライことになる」と考えます。たとえば、同僚が自分より先に昇進すれば、「オレはダメなのか、クビになるかもしれないな」などと、考えてしまいます。

一方、さばさばタイプの人は、「やるべきことはやったのだから、どんな結果になっても気にしない」と考えます。同僚が先に昇進しても、「アイツはやっぱりできるな。オレもアイツのいいところを見習って、少しは頑張ろう」と、プラス発想に結びつけます。

両者の発想と感性の差は、楽しい人生を送る上にも、少なからず影響を与えます。くよくよタイプは、消極的になりがちなので、あらゆることで躓きが起こります。何度も経験しているうちに、人生そのものがつまらなくなってしまいます。

さばさばタイプは、気持ちの整理が上手いので、失敗には至らず、逆に、悩みを大きなチャンスを得るキッカケにすることができるのです。楽しい人生をつくるためには、何とかしてさばさばタイプになるよう努力することです。

全面解決は、決して簡単ではないかもしれませんが、ここで、私自身の「悩み方の技術」を公開しましょう。対応がわからない、対策が見いだせない、こんな悩みがあるときには、まず、そうした状況を紙面に書き連ねます。つまらないと思っても、自分なりの方法を書き並べるのです。とにかく、手帳でも何でもいいから、書くのです。そのうち少し落ち着いてきます。気持ちの整理が徐々にできはじめてきた、ということです。私は、これだけで、数々の局面を乗り越えてきました。書くということは大きな意味があります。

上手に悩むことは、頭の体操にもなり、生きる支えにもなるということなのです。

13

「ほめ言葉」にこそ、魂が必要なのです

むかしからいろいろな場面で使われている言葉に「仏作って魂入れず」というのがあります。多くは、人物を評価するときに使われるようです。どんなに見事につくられた仏像でも、そこに魂が込められていなければ、ただの彫り物にすぎない、仏様のご利益は期待できません、人間の行為には魂が大切です、ということです。

私は、「ほめ言葉」もまた、これと同じではないかと考えます。人をほめるときにも、相手に、こちらの好意あるこころが感じられなければ、見えすいたお世辞ととられかねません。単なる「口の上手い人」ということで終わってしまいます。

確かに、ほめ言葉というものは、使い方ひとつで人間関係を大きく変える道具になります。道具ですから、下手に使い方を間違えると、思わぬ失態を演じかねません。私がここで言う使い方とは、タイミング、相手の立場、相手への配慮、ほめ具合の加減などです。見えすいたお世辞と言われないためには、こうした、言う側の心配りは必要だということです。やはり、それ相応の人間観察が必要だということではないでしょうか。

ふたつほど例を挙げましょう。

サラリーマンが上司の奥さんをほめるときは、上下関係が緊密になればなるほど、その機会は多くなります。あるサラリーマンが、上司宅を訪問したときの一般例。

「部長の奥さんは、実によくできた人ですね。言い方から物腰まで、すべてがすごいです。結局、部長に見る眼があった、ということでしょうか」

しかし実際は、部長夫婦は家庭内別居状態で、その原因が奥さんの不倫が主な理由だとしたらどうでしょうか。ほめられた部長は、大いに気分を害して、訪ねた部下は叱り飛ばされることになるかもしれません。この部下は、部長の奥さんをほめる前に、もっと部長夫婦の対応などに、しっかりと眼を向けなければいけなかったのです。

ふたつ目は「心的飽和」という問題です。これは心理学でよく使われる言葉です。ほめ言葉も過剰に言えばややこしくなる、また、同じほめ言葉を何度もくり返せば、飽きられるということです。恋人同士の会話の一般例。

「今日はすごくきれいだね。ボクはもう、キミのとりこになってしまったよ」

ちょっと過激なほめ言葉は、最初の一回だけです。何度もくり返せば、お互いの信用問題に発展します。

ほめ言葉は、人間関係をよくするのに欠かせないものですが、その場の状況をよく理解して、そのうえで、魂の込もったほめ言葉が、やはり大切だということです。

14 相手に一〇〇パーセントを求めたら、人間関係は失敗します

「人生八〇パーセント主義」は、私の生き方の核心をなすもので、これまで折に触れてさまざまなところで伝えてきました。読者のなかには、聞き飽きた人もいるかもしれませんので、話の展開を別の視点から考えてみたいと思います。

人間の評価は、基本的には「成果主義」に基づいています。本書でも、自分の営為《えいい》に対する成果を、「完全主義」に照準を合わせるのはやめましょう、ラクに構えましょう、と第49項で解説しますが、ここでは、他人との関係において、同様の発想が必要であることを、はじめに強調したいと思います。

まず、わかりやすいところから話をすすめてみましょう。そのために、誰にも思い当たる次のような設定を考えてみました。

① 結婚の相手（男性の場合）は、一流大学卒、一流企業社員か、もしくは官公庁の国家公務員、給料は年収一千万以上、ハンサムで優しい人。

② 部下としたい社員は、ストレスに負けない人、時間外労働を惜しまない人、上司の指示に逆らわない人。

③ 友人にしたい人は、話のわかる人、無理強いをしない人、困ったときにすぐ相談に乗ってくれる人、お金のある人。

これらは、いずれも一〇〇パーセントの成果主義に基づいた人たちの理想像です。理想像ですが、まったく存在しないとは限りません。

しかし、一〇〇パーセントの成果主義で、人の評価を決めるということは、別の言葉で言えば、ある種の「押しつけ」になってしまうということです。押しつけですから、少しでも期待が外れれば、それまでの人間関係に必ずヒビが入ります。そのヒビが、やがては破局に結びつくかもしれません。一〇〇パーセントの理想像で居続けることは、不可能だということです。

要するに、ここで、私が言いたいのは、理想像に近い人はやめなさい、ということではなく、理想像に近い人でも、いつか必ず期待に反した別の人間像として、あなたの前に現れるということです。それが人間というものではないでしょうか。

完全主義をやめるということは、自分の生き方だけでなく、あらゆる人間関係にも取り入れるべき、極めて大切なことだということです。

考えられるベストの関係とは、お互いの足りないところを相補《あいおぎな》うという考え方に基づくつき合い方だということです。

15 自分が優位に立ったときこそ、謙虚に人と向き合う

世の中には、考え方も行動のしかたも、自分とはかなり違った、実にさまざまな人たちがたくさんいて、そういう人たちを見るにつけ、

「たいへんだなあ、生きていくというのは…」

と、思わずため息をもらすことがあるのは、大なり小なり、誰もが感じる率直な感情かもしれません。普通に生きていてたいへんだと感じるのには、多少の理由があり、社会のさまざまな仕組みにも問題があるかもしれません。

確かに、「現在の日本は生きにくい世の中だ」という、新聞や雑誌の記事を見かけることがあります。それだけ複雑な世の中になっているということでしょうか。また、複雑な世の中だから、人間も複雑になっているのでしょうか。私などは、すべてが自由になった社会に対して、自由の何たるかを理解できないまま、みんなが手を拱《こまね》いている結果ではないか、とついついそんなことまで考えてしまいます。

それでは、あなたを生きにくくしている人とは、どんな人でしょうか。

「上司というだけで、わけのわからない命令を出す人」「下請け会社の営業マンをひたす

ら怒鳴り散らす人」「親の権力を楯《たて》に、偉ぶるドラ息子」「当選した途端に権力を振りかざす政治家」など、たくさんいます。多くは、「肩書きや地位も実力のうち」と威張り散らしているのですから、誠に困ったものです。

しかし、そんなたいへんな世の中にも、実に魅力的な人はいるものです。人間的魅力に溢れた人というのは、どんな人かと考えてみると、私が、真っ先に思い浮かぶのが、「器の大きい人」「度量の広い人」などです。

こういう人には、確かにある共通項があると思います。

「話し甲斐のある人」「人を受け入れることができる人」「細かいことにこだわらない人」「どんな人にも公平である人」「失敗をしても落ち込まない人」など、あれこれと思い浮かびます。私の他の本でも取り上げたことのある歴史人物で、榎本武揚《えのもとたけあき》や西郷隆盛、勝海舟など、日本の文明開化に係わった人も、人間的魅力に溢れた人たちではなかったでしょうか。

環境や立場が変われば、性格までも豹変してしまうとは、思いたくないのですが、現実には、そういう場面に出くわすことがあるのは本当です。しかし、自分が優位に立ったときこそ謙虚な姿勢で人と向き合う人も、確実にいるということです。人生という長い航路を人間らしく生きるには、謙虚な姿勢こそもっと評価されるべきではないでしょうか。

16 押しつける人より、引き出せる人になりましょう

精神科医院というところには、さまざまな「こころの悩み」を抱えた人が訪れてきます。そこで、私たち精神科医は、一人ひとりの悩みを、まずじっくりと聞いて、その悩みや症状の根源がある程度わかったところで、解消に役立つアドバイス（治療）をするのです。それが、クスリであったり、言葉のコミュニケーションであったり、また両方一緒であったりするわけです。

具体的な療法は、ここでは割愛《かつあい》しますが、その代わり、私が、患者さんとの間でやり取りする、言葉のコミュニケーションの基本を参考にして、人が困って相談にきたときに、どんなことに注意を払ったらいいかを、手短かに、わかりやすく説明をしてみたいと思います。

人は、自分ひとりでは解消できない悩み事を相談するときに、おおむね、年長者や上司など、目上の人に相談するものです。相談する側とすれば、「この人は、自分と同じような悩み事を、たぶんこれまでに経験したであろう」と考え、その結果、立派に立ち直っている現在を見て、「きっと何かいいアドバイスをしてくれるはずだ」と考えるからです。

経験は最良のアドバイスにつながる、という発想は正しいでしょう。しかし、ここで、期待はずれの結果が、ときたま出てくるのは、どうしたわけでしょうか。相談する側と、相談される側、それぞれのこころの在りようを、正確に理解するのは容易なことではなく、精神科医でさえ、しばしば悩むところです。

少し理屈めいた言葉をくり返したので、それでは、期待はずれの結果がなぜ出てしまうかの理由を、紹介しましょう。それは、一言で言うとこうなります。

「自分の体験で得た価値観を、そのまま相手に押しつけるのではなく、相手が何をしたいか、また何を望んでいるのかを引き出してあげることです」

つまり、迷いを打ち切ってあげるためには、答えを丸ごとそのまま出さずに、本人が、しっかりと確認できる「お膳立て」をするということです。悩んだ側が、確認作業をしないままの、一発解答は危険だということです。立派に見える価値観や成功法則が、しばしば「役立たず」なのは、人が違えば答えの解釈も違う、ということで、このことに気づくことが大事なのです。

相談される側の意見も、少しずつ出しながら、相談する側のこころの迷いを、徐々に軌道修正をしていくのです。ここに確認という作業が大きな意味を持ってくるのです。確認なしの「押しつけ一発解答」がなぜいけないか、これでおわかりになったでしょう。

17
「立派な人間」でなくても構わない、と考えること

「自然体」とか「自然流」という言葉が、テレビや新聞、雑誌などで、近ごろとくにもてはやされているようです。背景を探ってみると、多彩な価値観が、網の目のように錯綜《さくそう》した、複雑で人工的な社会システムのなかでは、どんな知恵を絞っても、快適に過ごすのはとても困難なので、いっそ、あれこれ頭を使うのはやめて、自然の摂理に従って素直に生きましょう、というのが大筋のところのようです。

多くは、生き方の姿勢を示す言葉として取り上げられていますが、この本のテーマである「自分らしく生きる」と共通した点もありますので、ここでは、「楽しい人生」を考えるヒントとして、できるだけわかりやすく考えてみたいと思います。

話の糸口として、まず、自然体、自然流の反対の言葉を考えてみましょう。人によっていろいろ解釈が分かれると思いますが、私は、何でも成功を目指す、何ごとも人を追い抜く、カネやモノにこだわる、いつでも人の上に立つ、など、こうした価値観を大事にする、生きる姿勢として捉えます。

こんな人は、多くの人から「立派な人」として扱われ、その結果、周囲からは尊敬の眼

で見られます。「エライ人」とも言われます。エライ人ですから目立ちます。目立ちますからカッコよく振る舞おうとします。カッコいいですから、多くの人にとって、あこがれの対象になります。

しかし、ここには、もうひとつの見えにくい面があることを知っていただきたいと思います。立派な人は、いつもレベルの高さを維持しなければなりませんから、こころが疲れます。静かにじっとしていることができませんから、身体も疲れます。こうなって初めて、自分が立派な人間であり続けることに、人生の窮屈さを感じるのです。

ここまで言えば、私が、立派な人間を目指すことはやめましょう、ということがおわかりでしょう。私は、むしろ立派でない自分を前面に出して、「自然体・自然流」で生きることをおすすめしたいですね。

もともと人間は、欠陥だらけの生き物です。立派に生き続けようと、こだわればこだわるほど、この本で言うところの「楽しい人生」から遠ざかるのではないでしょうか。私は、自分ではっきりと気づいている「わが身の至らなさ」を、むしろ人間関係を面白くするために使っているくらいです。最後にそのエピソードを紹介して、この項を終わりにします。

講演会のテーマが夫婦関係なら、「今朝、出がけにカミさんと喧嘩しましてね」。入れ歯を忘れたら、「ダイエット中だから、ちょうどよかった」。

18 黙り込んだままの我慢は、こころを痛めるだけです

我慢と辛抱は、人生に付きものです。どんな人にも我慢しなければならないときはあるし、辛抱した結果、何とか困難な局面が打開できた、ということはよくあることです。「ガマン、ガマン」と声に出して、自らを慰めれば、ほどほどにこころが癒やされるのも本当です。「辛抱せな、あかんで」という言い方は、むかしから大阪商人の「決まり文句」のようなものです。「ここが我慢のしどころや」とも言います。

我慢も辛抱も、苦痛に耐えることです。忍耐力が、いろいろな場面で問われるのは、どんな問題も、すぐには簡単に解決しないことを意味しています。我慢は避けて通ることはできませんが、「我慢にも限界がある」「我慢にもほどがある」という言い方があります。我慢という共通項を、こう設定してみると、何か「我慢にもしかたがある」ということにお気づきだと思います。

私の患者さんの話をしてみます。三十代のご夫婦に五歳の子どものいる、ごく平均的な家庭。夫婦は、交互に保育園に子どもを預けて、それぞれ勤め先の会社に出かけます。妻が先に帰って、子どもの世話から、家庭のすべてを仕切りますから、確かに妻の疲労は大

変です。一方、夫は毎晩残業で、遅い帰宅なので、夫婦間のコミュニケーションがなかなか上手くいきません。妻はそのうち、次第にイライラしてきて、帰宅した夫に不満のはけ口を求めます。妻の連日の「グチ攻勢」に嫌気がさして、夫はついに、帰宅拒否症候群の一歩手前までできてしまいます。ここまできて、ご夫婦は私のところに相談に見えたのです。

いろいろ話を聞いてみて、まず、夫は我慢強い人だと思いました。しかし、我慢にも限界があったのです。夫は、妻の過重な労働を知っていたから、一言も言わず、ただずっと妻のはけ口の矢面《やおもて》に立っていたのです。ご夫婦には多少の会話はあったのですが、コミュニケーションが欠落していました。そして、その結果、夫が先に我慢に耐えられず、こころに傷を負うハメになってしまったのです。

夫婦には、ともに耐えなければならないことがたくさんあります。しかし、耐えていることを、夫は妻に、妻は夫に伝え認識してもらうことで、夫婦関係は悪くならずにすむものです。さまざまな困難に耐えて、いい夫婦関係が保たれていくほど、素晴らしい夫婦はないと思います。木下恵介監督の『喜びも悲しみも幾歳月』（昭和三〇年）という映画は、我慢という強いこころが、素晴らしい夫婦をつくり上げた、実に見事な作品でした。

先のご夫婦は、それからしばらくして、「家庭に明るさが戻って、いまはすべてが上手くいってます」と、私に連絡をしてくれました。

19 年をとったら「羨ましい・憎らしい・悔しい」は不要です

超高齢化社会が現実となったいまの日本では、九十歳という歳は、それほど珍しくはないようです。実際に周りを見渡しても、九十歳以上の方がけっこうたくさんいます。

五十代の知人のご両親は、父親が九十五歳で、母親が九十三歳、ともに元気で「和やかな夫婦ゲンカ」をして、日々楽しんでいるとのことです。そのご両親の、九十四歳の知人は、いまも自転車に乗って、老人医療のボランティア活動をされているそうです。団塊世代の人たちが、これから次々と定年を迎えて、リタイア組に参入することで、日本中に、お年寄りが溢れることになるのは必至です。あるデータによれば、一〇年後は四人に一人が六十五歳以上の人たちだそうです。もっとも、六十五歳では、年寄りと呼ぶには早すぎますが。

そんなわけで、右を向いても左を向いても年寄りばかり。そんななかに、ほどほど元気な私もいるわけです。そこで、モノを集めることが好きな私が、これだけは捨てるべしと、声を大にして言いたいものがあります。いつのころからか、私にも「年寄りという意識」が少しずつ出てきたころに、いたく心に感じ入った「こころの持ち方」です。

①羨ましいと思うこころ
②憎らしいと思うこころ
③悔しいと思うこころ

この三つです。人生の上り坂をあがっていく若いときには、こころのバネになって、必要なものかもしれませんが、老いを感じたら、徐々に捨てるのが、心地よい老後のためには大事だと考えることです。そのわけは、いたって明快です。強いこころの負担になるからです。言うなれば、負のエネルギーがこころにたまって、何倍も早く老化を早めるからです。これだけは、ゆめゆめ心しておきたいと、私はいまも大事に思っております。私がそう思っているということは、いつなんどき、自分が、この三つの負のエネルギーに侵されてしまうかもしれないという、危機があるということの証明でしょう。紙一重《かみひとえ》の差なんですね。

ついでに、こころの持ち方として、捨ててほしくないのが、①人をほめるこころ ②人を認めるこころです。以前、写真家の篠山紀信さんに写真を撮ってもらったことがあります。篠山さんは、撮影中「それ、いいですね」を連発するのです。いい写真を撮るためには、相手の良さを引き出すことが大事だ、ということをよく知っていたということですね。

20 周りの人を気にしないで、生きてみる

日本人とヨーロッパ人を比較するときに、よく言われることは、日本人は人と歩調を合わせることを大事にしますが、ヨーロッパ人は自分流マイペースを大事にする、ということです。

この考え方の差は、両者の生き方の根幹を決定づけるもので、人生のほとんどあらゆることで、その違いを際だたせています。ここではその代表例のひとつとして、「休日」について考えてみたいと思います。

仕事と休日は、「人生の表と裏」と考えることで、その役割の重要性がぐっとわかりやすくなります。日本人は、仕事を立派にこなしていくために、休日が必要だと考える傾向があります。ヨーロッパ人は、仕事は休日を楽しむための手段だと考えるようです。

これだけ見ても、両者の違いは明らかです。日本人は、仕事が何より大事と考えますから、その結果、「仕事は多く、休みは少ない」というのが常識として通っているわけです。そのために、なかなか休日が取りにくい、ということになるのです。休みたくても休めないわけです。

　一方、ヨーロッパ人は、休むときはきちんと休む、ということが、かなり徹底していま す。フランスでは、すでに半世紀以上も前に、夏休みは二週間連続して取る、というのが法律で決められているくらいです。

　また、スペインには、昼休みが三時間近くもあって、多くの人が自宅に戻って昼寝をするという習慣が、いまも大事にされています。この昼寝は「シェスタ」と呼ばれて、スペイン人の生活スタイルの、豊かさのひとつを象徴しているのではないでしょうか。

　最近の図書を見ると、「イタリア人に学ぶ…」「フランス人が楽しむ…」「ドイツ人が教える…」と銘打った、豊かな人生を送るためのヒントを、彼らヨーロッパ人に学ぶべし、という本が、やたら目につきます。仕事ばかりしないで、もっと生活を楽しむ方法はこんなにありますよ、この本の、ヨーロッパ人の生活スタイルがたいへんお手本になります、というものです。私も、基本的には大賛成です。

　改めて考えてみると、日本人は、人と見比べてなるべく同じようにしよう、と考えますから、その結果、休みも少なくなるのです。ヨーロッパ人は、自分流を大事にし、あまり人の視線を気にしないようです。

　とにかく、全部とは言い切れませんが、少しずつ周りの人と比較するクセはやめるようにすることで、もっと自分らしい生き方ができるのではないでしょうか。

21 自分の感情を、さらさらと出せる人生が、楽しいのです

日本人の間では、「感情はできるだけ抑えたほうがいい」とは、よく言われることではありますが、これもケース・バイ・ケースです。

欧米人は、概して感情の起伏が大きいようです。映画などを見ても、「何も、あそこまで泣き叫ぶことはないいんじゃないの」「すぐカーッとなるんだね」というシーンに、出くわすことがよくあります。

これは、自己主張が強いために、自然に出てくる感情の表れです。中国人や韓国人なども、「感情表現」は日本人に比べて大きいようです。

ケース・バイ・ケースといっても、喜怒哀楽、いずれの場合でも、抑えすぎてはいけない、というのは、私の考えるところです。感情は人間らしさの表現でもありますから、ときには思いっきり「感情をぶつける」ことは大切なのです。

このことで、理解が深まり、コミュニケーションが一気によい方向に向かうことがあるからです。また、それまで何となくウツウツとしていた「こころのわだかまり」も、きれいに晴れるということです。

ここで、私にひとつの提案があります。たとえば、会社で泣きたくなるほどのつらい思いをしたときに、そのあと「必ず泣ける映画」を見るのです。感動シーンを見ながら、涙が思わず自然に出てくれれば、昼間の会社での悔しさは、けっこう解消されるものなのです。

何年か前、『タイタニック』という映画を見た人で、「何度も涙を流したら、なんだかこころがきれいサッパリと洗い流されたような気分になった」という人がいました。映画の見方としては邪道かもしれませんが、映画を見て涙をボロボロと流す、ということは、こんな爽快感もあったのです。

人間とは、しょせん生物の一種なのです。誰もが驚く深い知識の持ち主でも、どんな人にも負けない理論武装で立ち向かう人でも、感情を相手にして勝てる人はいないのです。そう言えば、「泣く子と地頭《じとう》には勝てぬ」という言葉もありました。

最後に、この話の結論を手短かに述べます。思いっきり泣くということは、こころを解放する、ということです。大笑いも同じです。「笑って笑って大笑い」の結果は何だかご存じですか。笑いすぎて目に涙が浮かんでいませんでしたか。笑いの終着駅には涙が待っているのです。

泣くことと笑うこと、このふたつの感情表現を大切にし、いつでも自分の感情をさらさらと出せれば、きっと「楽しい人生」が、その先に待っていると思います。

22 社会を見る眼をいつも持ち続けること

「こころにポッカリと穴が空く」という言い方があります。ポッカリと穴が空けば、何もない空洞になりますから、「虚《むな》しさ」という得体の知れない物体が漂い始め、ついには、喜怒哀楽の感情さえも覚えなくなる、そんな「無常の感覚」を表す言い方かなと、私などは受け止めてしまいます。

この空恐ろしい無常の感覚が、ある日あるとき、突然に私のこころを占拠したのです。二〇年以上勤めた早稲田大学文学部講師を退き、さらに日本精神科病院協会会長を退いた、直後のことでした。

私は、このふたつの仕事を、自分にとって、とても大切な「社会的参加」と思っていましたから、あらかじめわかっていたとはいえ、実際、現実のものになったとき、こころに強い衝撃を覚えたのでした。まさに、冒頭の、「こころにポッカリと穴が空く」を、自ら体験したのです。定年直後のサラリーマン諸氏と共通する感覚かもしれません。このことを体験したことによって、私は、自分には「隠居生活」は合わない、社会への関心を持ち続けなければならない、としみじみと痛感したのです。そういえば、軽いうつやボケの症状として「社会的な出来事への関心度の低下」があげられています。

このまま放っておいてはいけないと感じた私は、いくつかのことを、それまで以上に積極的に取り組んだのです。新聞の社会面は必ず読む、しかもできるだけ丹念に読む、テレビのニュースも必ず見る、雑誌は少なくとも五誌は見る。

また、これはたぶん、私だけのことかもしれませんが、年二回ある芥川賞の小説は、最初と最後の一ページだけを読む。読み飛ばしをしながら、本当に面白いと思ったものだけを、最後まで読む、という、ちょっと風変わりな読み方です。

とりあえず、ざっとだけ紹介しましたが、こころの柔軟性と、いい意味での緊張感を併せ持つのは、「楽しい人生」を目指すには、どうしても必要だということです。そのためにも、どんな形であれ、社会的出来事への関心をなくしてはいけません、ということになるのです。

こうした社会的関心を保ち続けながら、空いた時間を自らつくり出し、旅やその他の趣味を積極的に楽しむという、バランス感覚でイキイキと生きる、ということではないでしょうか。

たぶん私は、生き方に欲張りなのかもしれません。じっとして閉じこもるような生活は、なるべく避けたいと思って、いまのいままで楽しく生きてきた、というわけです。

23 頑張りすぎる人からは本当の元気はもらえません

「人種の坩堝《るつぼ》」という言葉がありますが、知り合いの、ある出版社の編集長から、今年入った新入社員が「会社は、変人の坩堝です」と言ったという、ビックリするような話を聞いたことがあります。話を聞くと、この新入社員は、あまりにも自分と違った人たちばかりが、職場を埋め尽くしていることにたいへんショックを受けた、というのです。

そして、そのことが、この「変人の坩堝」という言葉になった、というわけです。「会社は、変人の坩堝」と解釈した新入社員にしてみれば、よくよくのことだったのでしょう。彼のショックの大きさがわかるというものです。

しかし、この言葉の意味するところを考えてみると、彼は学生気分がまったく抜けきれていなかった、そのために社会人としての認識が極めて薄かった、ということでしょう。残念ですが、こういう人が「五月病」になりやすいのでしょうか。

確かに、会社には、価値観の違ったさまざまな人が集まっています。何十人、何百人という人が同じフロアーで一緒に働いていても、「このなかに、はたして自分と考え方を同じくする人がいるのだろうか」と考えてしまうのは、新入社員なら、むしろ当たり前の心境なのかもしれません。何しろ「未知との遭遇」なのですから。

職場が活気に溢れている、仕事が上手くいく、業績がアップした、というのは、上司と部下の連携プレイの勝利です。上司だけ、部下だけの力ということはない、と考えるべきでしょう。

会社はそれぞれの部署において、「一丸となってもっと頑張ろう」「危機感を持って努力しよう」と、上司が部下に指示を出し、設定した目標を達成しようと頑張るわけですが、ここでやる気をなくしてしまう部下が、必ず出てくるということに目を向けてみたいと思います。

人がやる気をなくす原因はたくさんあるのですが、そのなかのひとつに、「頑張りすぎている人からはなかなか元気はもらえない」ということがあります。頑張ることは、紛れもなく人間の美徳ですから、これは正しく理解することが大切です。

ただ、「頑張りすぎる姿を人に見せることは、かえって反発を招きやすい」ということです。スポーツ選手などが頑張っている姿は、確かに人に感動を与えるのですが、職場では、ちょっと考えものです。毎日の日常風景のなかでは、頑張り方に手心《てごころ》を加えることが必要なときが、しばしばあるということです。猪突猛進の上司の姿などは、部下に悪影響さえ及ぼしかねませんから、やはり、「すぎたるは猶《なお》及ばざるが如《ごと》し」は本当なのです。

24 のめり込めるものがあれば、うつは逃げていく

私は、これまで何度かうつ病になりかかったことがあります。そう気がついたときは、いつも一日中仕事のことを考えていました。患者さんのこと、病院経営のこと、借金のこと、自宅大移動のこと、私の体調のこと、原稿のこと、講演のこと、これらが、上手くかみあってすべてが順調にいく、ということはめったにありませんでした。

それでも、私が一度もうつにならなかったのは、「本心でのめり込める好きなもの」があったからです。これは、私の「揺るぎない確信」のひとつです。

仕事で疲れ果てた夜、寝る前に読む飛行機の雑誌は、私がのめり込める好きなものの代表です。時間に余裕があれば、旅となりますが、忙しいことが重なれば、外出もままなりませんから、家のなかで楽しむものに気持ちを集中するわけです。ですから、夢中になって、夜更かしをすることもしばしばです。

そんなとき、カミさんの声が耳に飛び込んできます。

「あなた、いい加減にしてください。もうワン・ノー・フォーですよ」

ワン・ノー・フォーとは、私とカミさんにしかわからないジョークです。これは、以前

私が乗ったことのある、自衛隊の超音速戦闘機・Ｆ１０４のことです。パイロットは、このＦ１０４を、ワン・ノー・フォーと言っているのです。カミさんは、「もう夜中の一時すぎですよ」と言うべきところを、私の飛行機好きに合わせて、ジョークとしてワン・ノー・フォーと言ったのです。

たったこれだけのことで、うつにならないと言えば、それは少しオーバーでしょうが、こうした「のめり込めるほどに好きなもの」が身近にあるということは、イライラした気持ちを静めるのに、本当に役に立つのです。私は、当初、このことを父・茂吉の行動から、自然に学びました。父は、一〇〇パーセントうつ病になってもおかしくないくらいの人でした。超のつく真面目さと粘着性気質、さらに病院の全焼による全国金策巡り、さらに過労で倒れたこと、これらが重なって、当時の父の日記には「物モ書ケズ」とあるくらいなのに、父はうつ病とは無縁でした。父には、短歌という何物にも代えがたい「本心でのめり込めるもの」があったからです。

父の短歌を、私の飛行機趣味と一緒にすることは無理ですが「のめり込めるほどの好きなもの」と考えれば、共通項は見いだせると思います。うつは現代病の代表のひとつです。多くの人が、かかりやすいのです。うつが生じる背景を考えれば、のめり込めるほどに、好きなものを楽しむということは、うつを寄せつけない最良の方法だと、確信するのです。

25 年をとっても、恋心は忘れないこと

『中年は恋愛の適齢期』（海老坂武《えびさかたけし》・講談社）という本がありました。書店で見たのが、何年か前のことでした。そのとき、私が、とっさに思いついたのが、「熟年は恋愛の適齢期」でした。なぜそんなことを考えたかというと、その当時、高齢者の同棲や結婚が、マスコミで、よく取り上げられていたからです。

熟年が恋愛の適齢期とは、いささかムリがありましょうが、恋愛そのものは極めてけっこうだと思います。老人ホームで、そこに居合わせた男女が、話をしているうちに、お互いが恋愛感情を抱くということは、少しも不思議なことではありません。むしろ喜ばしいことです。老いてなお、「初体験のすすめ」をアピールしている私としては、むしろ大いに楽しんでいただきたいと思うくらいです。

アメリカやヨーロッパの映画を見ると、ときどきお年寄りの恋愛をテーマにした、すてきな作品に出くわすことがあります。豊かな経験を生かしたお年寄りには、人間としての本当の味わいが出せるからでしょう。

こう思えば、私の大好きな船旅の楽しみ方に、「熟年は恋愛の適齢期」としか思えない

ことがあることに気づきます。乗船客のほとんどは、日本人も欧米人も、みなお年寄りです。欧米人の場合、船旅の目的のひとつは、明らかに「恋人探し」だということです。男も女も、自らが主役のスター気取りなのです。思いっきり自由に振る舞い、特別におめかしをし、巧みな言葉で相手を魅了するのです。

そばで見ている私は、これぞ恋愛の醍醐味なのだろうと、つくづく欧米人の華麗なマナーに感じ入ってしまうのです。たぶん、本人たちは、どんな恋愛映画よりも、いま自分たちは素晴らしい演技をしているのだと、思っているのでしょう。

船旅を終えてからも長くおつき合いが続く場合もあるようですが、多くは「船上の恋」を楽しむだけで終わっているようです。いくつになっても、恋愛に関心を示す欧米人の「人生の楽しみ方」をまざまざと見る思いがします。

これに比べて、船旅で見る限り、日本人はぐっと控え目ですね。周囲の噂を気にするくらいですから、決して大胆な行動には出ないのです。確かに、大げさに騒ぐだけが、楽しい人生ではないでしょうから、これはこれでいいのかもしれません。

恋愛まで発展せずとも、お茶飲み友だちとして異性とつき合うのが、日本人には向いているかもしれません。私だって、この歳で、カミさん公認の異性の友人が何人もおりますぞ。異性と会っているときの心地よい緊張感は、やっぱり若さのエネルギーです。

第2章

のんびり人生に必要な25の言葉

〜寄り道しながら生きる

26 同じ趣味を持たないのが、いい夫婦関係のキーポイント

世間では、「同じ趣味を持ち、同じ価値観を持っている夫婦がいい」ということがよく言われますが、私は、「ちょっと待ってください」と言いたいですね。夫婦一緒に旅に出かける、ペアを組んでテニスをする、あるいはコンサートに行く。こんな光景を見れば、確かに誰でも、仲のいい夫婦だと思うはずです。こうした例は、夫婦の信頼関係を絵に描いたようなものとして、受け止めることができます。私も、これには同感です。

しかし、夫婦が一緒に行動をするというのは、必ずしもいい夫婦関係の証明にはならないと思います。どんな夫婦関係も、人はその表面だけしか見ることはできません。本質まではわからないのです。表面だけ見て、いい夫婦かどうかを判断するのは、間違いの元になるのです。あらゆる人間関係においても、これは同じです。

それでは、いい夫婦関係とはどんな関係なのでしょうか。そもそも、夫婦は、お互いの間に、信頼関係があってこそ、いい夫婦関係が保たれるものです。信頼関係がなくなったときに、夫婦関係の破綻《はたん》が始まる、と解釈していいと思います。

問題の核心に触れることにしましょう。紹介した、夫婦一緒の旅やテニス、またコンサ

ートは、夫と妻が同じ趣味を持つことで、いい夫婦の絶対条件のように受け取られること に、私はいささか異を唱えたいのです。端的に申せば、夫婦の趣味は、お互いに違ってい るほうがいい、ということです。

そもそも、夫婦とは、協力関係になければならないものであって、対立関係では、上手 くいきません。夫婦が「しのぎを削る」ようであってはならないのです。同じ職種のライ バル同士が、破綻を招きやすいのはこうした理由があるからです。趣味もまた、同じだと いうことです。

名前を伏せることをお許しいただきますが、ある著名な作家夫婦の話です。結婚という ものが、独身時代に考えていたことと、だいぶ開きがあって、ひとつ屋根の下で、毎日顔 を合わせるのがつらいというのです。「ひとりでいたときのほうが、ずっとラクで楽しか った」という作家の言葉の背景には、夫婦といえども、ライバル意識が、心地よいはずの 夫婦関係に水を差した、ということではないでしょうか。

知り合いの、あるご夫婦は、夫の趣味がバード・ウォッチング、妻の趣味がテニスで、 ともに二〇年以上のキャリアがあるのですが、お互いに、たった一度も相手をしたことが ないというのです。こちらは、夫婦といえども、相手の趣味の領域までは係わらない、こ れこそ、いい夫婦関係をつくる見本のようなものですね。

27

信頼できる人がいないのは、自分に原因があるからです

結婚という形態を、「信頼」と「好き」という人間関係で考えてみますと、相手が信頼できる人だから結婚するというより、好きだから結婚するというのが、まずは、大方の意見の第一歩でしょう。

これをもっと詳しく考えてみますと、相手が信頼できないまま、好きだからというだけで結婚をしますと、いずれなんらかの破綻をきたします。なぜなら、好きという感情は、なかなか長続きしないのが普通だからです。しかし、結婚という共同生活を通して、信頼関係が少しずつ築かれていくのが、むしろ現実であります。

次に、あまり好きではないのだが、信頼できる人なので結婚する、という場合を考えてみます。信頼は、人間関係をよくするもっとも大切な要件です。こちらは、常に安心できる共同生活が維持できますから、離婚に至るケースは少ないはずです。

しかし、信頼できる根拠の違いによって、行き着く先は、大きく異なります。信頼できるのは、その人本人の人間性なのか、あるいは、金やモノなのか、という問題です。「信頼」と「好き」という、ふたつの要件が、結婚にどう係わるか、ということを、きわ

めて大雑把に見てきましたが、夫婦関係が上手くいくためには、やはり両者のバランスが重要な役目を担う、ということに尽きると思います。

今度は、もっと一般的な人間関係について考えてみます。近ごろ多い悩み事のひとつに、「こころから信頼できる友だちがいない。そのために、毎日がつまらない。どうしたらいいでしょうか」という問題です。新聞の「人生相談」などでもよく見かける問題です。

これらの悩みを訴える相談者の背景には、「人が信頼できない」という鬱屈した心の問題があるようですが、これは少しぐらいなら、かなり多くの人に共通したことではないでしょうか。「信頼できる友だちがいない」と嘆く人は、たいていの場合、自分の殻にこもりがちな人で、積極的にコミュニケーションを図る、という配慮が欠けているようです。結婚相手が見つからない最大の原因は、本人に、相手に働きかける姿勢がないからです。「自分に相応《ふさわ》しい人が見つからない」と言い張るのは、自分の至らなさを正当化する「こじつけ」ではないでしょうか。

どんな人間関係の悩みも、答えは単純です。解決できる人とできない人がいるのは、この単純なことができるかできないか、それだけです。信頼できる友だちを持つには、やはり、人が集まるところに積極的に出かけてみて、まずは話をしてみる自分をつくることなのです。

28

「高みの見物」で攻撃する人は、こころが狭い人です

私がここで言う「高みの見物」とは、この言葉の本来の意味から少し離れて、「別の場所で起きている危険な状態を、安全な場所から眺めて楽しむ」というような、むしろ象徴的な意味で使っております。ですから、本来、人間のとるべき行為としては、絶対に慎《つつし》むべきものなのです。

しかし、われわれは、こうした「高みの見物」を、なんの心配りもなく、安易にしてはいないだろうか、その結果、人を危険にさらしてはいないだろうか、ということを、ここでは問題にしてみたいのです。

人を苦しめたり、あるいは困らせたり、また恥をかかせたりすることで、ある種の喜びを感じることを、「毀傷《きしょう》の喜び」と言います。社会的に成熟した大人なら、めったにするものではありませんが、「何かの間違い」で起こしてしまうことは、決して珍しいことではありません。人間ならば、誰にでもある感情の一種だからです。

中学生や高校生くらいの、十代の若い人が、ホームレスの人に集団で暴力行為をくり返し、最悪の場合には、死に至らしめてしまう、という事件が少なからずあります。これな

どは、人間の持つ「攻撃本能」の表れです。

集団心理による攻撃という見方もできます。集団のなかにいることで、自己意識が弱まり、没個性化し、他人の視線が気にならなくなった結果、こうした痛ましい事件になってしまう、ということです。

また、海外帰国子女が、英語がよくできるという理由で、クラスの同級生からイジメを受けるという話をよく聞きます。これなどは、嫉妬心からくる「毀傷の喜び」と言っていいでしょう。

最近、とくに多いのが、インターネットで嫌がらせのメールを送って、相手を困らせているという事件です。発信者は、匿名ですから、まさに「高みの見物」で、人を攻撃して、「隠微《いんび》な快感」を味わっているわけです。

こうした「高みの見物」を習慣としている人は、まともな人間関係ができにくくなり、結局は、自分で自分を困らせるハメになってしまうのです。

私は、攻撃本能をベースに「毀傷の喜び」は、誰にでもある感情だと言いました。何かの間違いが元になって、高みの見物で人を攻撃することが、どんな結果をもたらすかを、じっくりと考えることが大切です。現代は、そういう危機が、たくさんあるということです。「楽しい人生」を考えるなら、高みの見物はやめましょう、ということですね。

29 ひとつの性格判断だけでつき合うのは、誤解のもと

人を知る判断基準のひとつに、「性格を知る」ということがあります。「いい性格」「悪い性格」、「明るい性格」「暗い性格」、「上手い性格」「下手な性格」と、さまざまな言い方で、性格という言葉が使われます。われわれは、こうした性格を、通常はその人の言動を見て、その人が、どんな性格の持ち主かを判断します。

しかし、われわれが、人の性格を判断するときに、必ずしも判断が一致するとは限りません。むしろ、多くの場合で、判断は「マチマチ」なのではないでしょうか。まったく反対の場合すらあるくらいです。

これは、性格が、いかに特定しにくいかを示すものです。また、同一人物が、いろいろな性格を持っている、ということも考えなければなりません。とにかく、性格の特定は難しいのです。性格という言葉を安易に考えているせいかもしれません。私が思うに、「性格とは何ぞや?」ということが、よく理解できないまま、安易に使われすぎている、ということではないでしょうか。

ふたたび『広辞苑』に登場していただきますが、ここには、「生まれつきのたち、人と

なり。各個人に特有の、ある程度持続的な行動の様式。とくに意志の面での特質」とあります。ややこしいですが、要するに、「くり返して現れる、こころの動きとその行動」と、理解しましょう。

この特定しにくい性格というものがわかれば、人間関係が円滑にいく決め手になるというのは正しい判断です。こんなわけですから、相手の性格を知る手段として、私もこれまでいくつかのヒントを紹介してきました。

①クセで性格を知る　②話題の出し方で性格を知る　③主張のしかたで性格を知る
④喋り方で性格を知る　⑤睡眠の長さで性格を知る　⑥尊敬する人物で性格を知る

いろいろな「性格判断法」があるということは、性格はたったひとつの判断では難しいということでもあります。あれこれ重ね合わせて、少なくてもふたつ以上の判断法を活用していただきたいと思います。

人間関係で誤解が生じるのは、普通のことです。誤解があったからといって、深く思い悩むことはありません。誤解が生じたら、その誤解の元は何だったかを考えてみることです。それが、もし性格判断からきたようであれば、いま一度考え直してみるべきです。「この人はこういう性格だ、だからこうしてつき合うべし」と、決めつけてかかる性格判断が、誤解の元になりかねない、ということなのです。

30 欠点は個性の象徴と考えてみましょう

欠点が少ないという人はいますが、欠点がまるでないという人は、たぶんいないでしょう。もし、そんな人がいたとするならば、私は「ゴメン」ですね。「欠点だらけ」でも困りますが、人は案外、欠点の多い人でも、欠点だらけとは見ないのが普通です。

また、自分では欠点と思っていても、人はそうは見ない、ということもあります。これなどは、自分で自分が損することを奨励しているようなものです。とにかく世間には、欠点に係わる誤解が多い、ということです。

高齢者が、自分の欠点にあまりこだわらないのは、あきらめているからです。しかたがない、と思っているのです。これは、正しい選択法のひとつだと、私は考えます。この本では、「あきらめることも大事」ということには、触れませんが、どんなに努力しても「ダメなものはダメ」というのは、現実にはたくさんあります。

ひそかに好きだと思っていたその人が、別の人と結婚してしまったとき、会議の席上で、どうしても自分の企画が通らなかったとき、前々から、ずっとほしいと思っていたものが、結局手に入らなかったとき、こんなときはあきらめるしかありません。むかしから、「あきらめが肝心」という言葉があるくらいです。キッパリとあきらめて、あらたに出直すことが賢明です。

いきおい流れが「あきらめること」に行ってしまったので、元の欠点に戻しましょう。わかりやすくするために、自分では欠点だと思っていることを、ふたつに分けて考えてみましょう。身体的欠点と精神的欠点です。

身体的欠点とは、太りすぎ、背が低い、鼻が低い、頭が禿げている、歯並びがよくない、老けて見られる、など、いろいろあるのでしょうが、私なら、まずこんなことを思いつきます。精神的欠点になると、性格が暗い、すぐいじける、泣き虫、引っ込み思案、などでしょうか。いずれの場合でも、ここに並べた欠点は、「本人が欠点と思っている欠点」です。人が指摘して、煙たがっている欠点ではないのです。この認識の差が、「欠点評価」のわかれ目になります。

欠点をマイナスに捉えれば、コンプレックスに行き着きます。プラスに捉えれば、個性と考えることができます。欠点なんて気にしなさんな、と無謀なことを言うつもりは、さらさらありませんが、気にするあまり、気が滅入っているくらいなら、思い切って、個性の象徴ぐらいに考えてみてはどうでしょうか。私は、このことが、相手には魅力と映るときもあると考えます。だいいち、欠点なんて、極めて不可解なものではないですか。

31 私は人体実験で、健康管理をしています

私は、コレステロール値や中性脂肪値が高めなのですが、酒をこよなく愛する身としては、なかなか「酒を断つ」というわけにはいかないのです。また、アルコール健康医学協会の会長として、「適正飲酒」というお酒の飲み方も熟知しておりますので、めったなことではやめるつもりもありませんでした。

ところが、まもなく二〇世紀も終わろうとする中秋のある日、以前から前立腺肥大症の気があるために、長くお世話になっている医師から、思いもかけないことを申し渡されたのです。「しばらく、お酒をやめてみませんか」。

私は、正直、たじろぎました。そして、「とうとう、恐れていたことがやってきたか」と、しばし沈痛な思いになったのでした。「大の酒好き」でなければわからない、過酷な宣告です。しかし、人様の言うことには、わりあい素直になるのが、私の性分です。「それも、選択肢のひとつですね。いいかもしれませんね」と、まるで他人事のように、私は聞き入れたのです。

三カ月の禁酒は、思いのほかラクでした。人体実験を楽しむというのは、私の趣味のよ

うなものですから、どんな数値が出るのかと、結果が待ち遠しいのです。

胸をときめかせつつ、三カ月後の結果を見てビックリしました。コレステロール値も中性脂肪値も、もとのままで、まったく下がっていないのです。私は、この結果に喜び勇んで、その場で思わず「雄叫《おたけ》び」をあげたのです、人には聞き取れないような小さな声で。「よし、これでいい。やはり、私の判断に狂いはなかった。二一世紀からは適正飲酒で、楽しく飲もう」と。

しかし、適正飲酒なら、どんな人にも問題はない、ということではありません。体調や症状と、よく相談しなければならないのは、当然です。年齢も大いに関係します。ちなみに、よく知られていることではありますが、適正飲酒の量についても、触れておく必要があります。あくまでも、健康な人が目安です。もちろん一回の量ということです。
①日本酒は二合　②ウイスキーは水割りのダブルで二杯　③ビールは中ビン二本　④ワインはグラス二杯（三分の一本）⑤週に二日の休肝日
私には、いろいろなケースで、自らを人体実験のモデルにして、その結果を楽しむ、という習慣があります。誰にでもおすすめするというわけではありませんが、「自分の身体は自分で守る」という考え方に基づけば、私の健康管理法も、少しは参考になるかもしれません。

32
「慣れず・甘えず・流されず」で、人生がイキイキします

人は、何もすることがなくなると、自分で探して何かをやろうとするものです。人間が人間たる所以《ゆえん》の証明のようなものです。好奇心が働くという言い方もできます。やりたいこと、してみたいことを考えて、具体的な行動に移し、そして、その結果に快不快を覚え、自らの行動に自己評価を下すのです。

こうした一連の行動のプロセスが、人様のお手本になれば、それを「行動哲学」と呼んでいいかもしれません。行動哲学とは、いかにももったいぶった言い方ですが、このイメージから湧き出る生き方を考えてみたい、というのが、私がここで言いたいところです。

しかし、その前に、少しだけ触れておきたいことがあります。それは、人間にはもうひとつ別の面があるということです。何もしたくない、というこころの流れです。これを、ここでは「怠惰《たいだ》なこころ」と呼ぶことにします。誰にもときどき襲ってくる倦怠感のようなものです。

この怠惰なこころは、加齢とともにはっきりとしてきて、とりわけ定年を迎えた直後のサラリーマン諸氏には、強い強迫観念となって出てくることが多いのです。「初老期うつ

症候群」と呼ばれるものも、この範疇《はんちゅう》に入るかもしれません。

人から見れば、悠々自適な生活を送っている印象が、本人にしてみれば、実に空しく、つまらないと、感じるのです。こうした制約のない暮らしぶりに慣れてしまいますと、次に、自分に対して甘えが出てきます。そして、この甘えが積み重なって、ボケを早めたりして、「イキイキ人生」とはかけ離れた生活が、毎日待っているということになるのです。

これでは、「楽しい人生」とは程遠い、と言わざるを得ません。

ここまでわかってきたところで、やっと、私がここで言う「行動哲学」の核心に触れることができます。若い人にも共通することではありますが、すべてが自己判断で生きる定年後の人生には、とても大事なことと思います。

行動哲学のキーワードは三つです。それぞれがバラバラにあるのではなく、ひとつの流れがあります。ですから、この流れに従って、しっかりと自己確認をし、肝に銘じていただきたいと思います。

「①慣れず　②甘えず　③流されず」

ただぼんやりと生きていては、流されっぱなしの人生で、楽しいと感じることはめったにありません。自分が楽しいと思えることをすすめる「行動哲学」が、やはり必要だということです。

33
孤独は、たまに感じるくらいがちょうどいい

「ひとりになりたい」とか、「いまは、ひとりにしてほしい」と思うときは、誰にでもあることです。また、「ひとり旅がしたい」ということになれば、「いま現在の煩《わずら》わしさから離れて、自由で豊かな気分が必要」ということになるかもしれません。

「ひとりでいる時間を楽しむ」ということは、「楽しい人生」を送るうえでも、よく考えておきたい大切なことだと思います。

好奇心をベースにして人間関係を楽しむ、というのが、私がすすめる楽しい人生の基本ですが、人間関係をしっかりと楽しむためには、同時に、ひとりでいるときの自分を楽しむ、ということを理解することも大事です。

これはどういうことかというと、両者を切り離して考えるのではなく、両者の重要性をともに正しく理解することで、結局は、楽しい人生に繋がるからだと考えるからです。これもまた、コインの裏表の関係ですね。

さて、それでは、「ひとりのときを楽しむ」ということについて、もっと掘り下げて考えてみましょう。世間には、「孤独力」という人生の価値観があります。これは、「ひとり

静かに、自分と向き合って、多くの雑念を払い、自由で豊かなこころの余裕を持つ。そして、そういうふうに考えることのできる力を持つ」と理解することができます。考える力を育てる、群れの集団から個の確立に至る手段として、孤独力を考えるということですね。

ただし、これを、孤独はいいものだ、と安易に理解してはいけません。「天涯孤独」という言葉がありますが、こうなっては、孤独力とは無縁です。孤独力とは、孤独を楽しむこころの余裕がある、ということなのですから、真性の孤独は「もってのほか」だと思います。この種の孤独が、うつ病などの引き金になるのです。

それでは、孤独と正しく向き合って、人生を楽しむ、ということはどういうことでしょうか。私の答えは簡単明瞭です。孤独力と言っても、難しい哲学などでは決してありません。それは、普段の生活の心構えなのです。

「孤独なときは、ありすぎると持て余します。持て余すと、不安になりますから、人生を楽しむ余裕などなくなります。つまり、孤独は、たまに感じるくらいが、ちょうどいいのです。そして、孤独なときの自分と、ワイワイガヤガヤとした人間関係のバランスをとることが大事なのです」

深遠な哲学を考えるのも悪くはないのですが、生活に根ざした孤独を、楽しい生活に視点を合わせれば、このような答えになるのではないでしょうか。

34

借金も、チャレンジ精神のエネルギーにできる

それは、大正一三（一九二四）年一二月のことでした。当時、東京の観光名物にもなっていた「帝国脳病院」が、失火《しっか》が原因ですべて焼け落ちてしまったのです。その、古代ローマの建築物を思わせる美しい建物は、前年の関東大震災にも耐えたのですが、思わぬ失火で、すべてが灰燼《かいじん》に帰《き》したのです。

帝国脳病院は、祖父・斎藤紀一が、東京・青山に、明治三六（一九〇二）年に設立した大病院でした。さしものやり手の祖父も、ガックリときて、なすすべを失ったようでした。そして、病院再建の役目を引き継いだのが、当時、母・輝子とともに、ヨーロッパ留学からの帰途についていた父・茂吉でした。火災保険が切れていたあとの火災でしたから、再建の費用は、帝国脳病院の設立のときよりも多かったのでした。

そして、斎藤病院には、次の大災難が待っていました。終戦間際の、あの東京大空襲です。今度も、何もかもが焼失してしまったのです。父・茂吉の蔵書の灰が小山のようにうず高く盛り上がっていたのが、私には実に印象的でした。

そして、ただひとつだけ、奇跡的に残ったものがあったのです。それは、母・輝子が

万一の火災のときを想定して、水を張った金庫のなかにしまっておいた書類でした。なんと、「借金証文」の山だったのです。

大借金という大逆境は、斎藤病院の歴史とともに歩み続けていたのでした。そして、この逆境をはねのけたのが、斎藤家全員の「チャレンジ精神」でした。私にもチャレンジ精神は備わっていたのですが、父・茂吉と、母・輝子のチャレンジ精神は、いま思い出してみても驚くばかりです。とくに、母のそれは、あたかもマラソン選手の「ランナーズ・ハイ」のようなものだったのです。ですから、母にとっては、逆境が充実感になった、ということかもしれません。

人は、長い生涯において、さまざまな理由によって、大なり小なり、崖っぷちに立たされるものです。そんなとき、引き返すことのできる力がチャレンジ精神です。実際に、私の周りにも、「逆境などものともしない」という人が何人もおります。

チャレンジ精神は、頑張るということと、ほぼ同義語ですが、精神科医の私などは、患者さんを前にしては、あまり使ってはいけない言葉です。うつ病で苦しむ人に、「頑張って！」は禁句です。借金は立派な逆境です。現代は、国もそうですが、個人も「借金の時代」です。やむを得ない借金だけは、チャレンジ精神が効果を発揮するようです。母・輝子の例は、いいお手本だったと、私はいまでも見習っているくらいです。

35 仕事と中途半端な距離をとるから、上手くいかない

「社内うつ」や「職場うつ」の話を聞くたびに、近ごろは日本中が「うつ症候群」にはまっているようで、精神科医としての私などは、何ともやりきれない思いになることがあります。社会の中核を成すビジネスマンの多くが、うつ症候群となれば、日本社会にも大きな影響を及ぼしかねません。

うつ病と、はっきりわかれば、医師の判断を仰がなければなりませんが、軽いうつ程度ならば、そんなに深刻に思い悩むことはないと思います。誰もが経験する「こころの落ち込み」は、次のステップへの注意信号と受け止め、仕事や職場環境との距離をハッキリさせることで、多くは通り過ぎることができるからです。

大切なことは、ここでも適度な距離を保つということです。もっと具体的に言えば、「仕事をしている間はぴったり密着しても、仕事から離れたらきれいさっぱり距離を置く」ということです。社内うつや職場うつを回避するには、仕事とプライベート、これをオンとオフにたとえるならば、こまめにスイッチの切り替えを行いながら、自分と仕事との距離をほどほどに調整し、ストレスを溜め込まないようにすることが大事なのです。

会社、職場という環境は、以前に比べ大きく様変わりしているのは、誰もが知っていることなのに、いまだに、会社べったりという人が少なくないのは、やはり会社というものにたいする意識が、いまひとつ抜けきれないためだと思います。意識を変えることが必須です。「会社は自分のために利用させていただく」、こんな考え方で、仕事や会社と自分を、勇気を出して突き放してみることです。仕事や会社は、すべての人にとって生活を支える基本ですから、いつも気分良くつき合える環境を自らつくっておくことが、長く安定して仕事が続けられることになるのではないでしょうか。

仕事との距離の取り方というと、私はいつも、父・茂吉のことを思い出します。父は超のつくくらい真面目な精神科医で、日中は臨床医として、また病院の経営者として、仕事に奔走《ほんそう》していました。火災による病院の焼失、再建のためのかなりの借金など、ストレスやうつになる条件はありすぎるほどありました。

そんな父をしっかり支えたのが、作歌活動でした。父は仕事との距離をしっかりとわきまえていたのだと思います。私は何も、計算され尽くした距離を持ってください、と言っているのではありません。「何とかなるものさ」という余裕を持ちながら、仕事とプライベートをこまめに切り替えることが、結局は、うつとは無縁のいい人生を送ることになると、自らの体験を振り返って、強く思うのです。

36 「違って当たり前」と思えば、人間関係はスッキリする

「あの人とは、なぜ意見が合わないのだろう、困ったものだ」と考える人は、たくさんいるでしょう。しかし、生き方や考え方の基本が違っていれば、話をしても意見がなかなか一致しないということは、決して異例なことでも何でもありません。

たとえば、世界の国を考えてみてください。毎日のように、世界のどこかで「国際会議」なるものが行われていますが、会議がしばしば解決策を見いだせずに終わっているのは、国同士の間で、やはり文化や生活習慣の基本が違っているからです。それぞれの国によって、国益の求め方も違うのですから、たとえ、会議のエキスパートが努力しても、簡単に合意に達するのは、たいへん難しいのです。

国同士の文化の差については、こんな興味深い記述がありました。『司馬遼太郎対話選集NO・5　アジアの中の日本』（文藝春秋）という本のなかでの、社会人類学者の梅棹《うめさお》忠夫《ただお》氏との対談のひとコマです。

日本に留学した若い韓国人女性の話として、彼女が下宿先で茶碗をおいたままご飯を食べたところ、下宿の主人に「茶碗は手に持って食べなさい」と言われ、彼女は食事の度に

つらい思いをしたという話です。韓国では、茶碗を手に持って食べるのは、むかしから「賤《いや》しい食べ方」と言われてきていたからです。

梅棹氏は、「ただそういう習慣だというだけでね。他の習慣を認めない。すべて自分のほうを合理的というか、よしとするわけですね」と述べられ、これを司馬氏は、「文化の違いというのは、おそろしいものですね」と、締めくくるのです。

ここには明らかに「文化の壁」がもたらす人間不信が存在していることがわかります。

現在は、日本国内でも、実にさまざまな国の人が生活していますから、「文化の壁」を越えられないで、気まずい人間関係になってしまうことが、これから多くなるかもしれません。

人間関係もまた、これと同じです。どんな人にも、その人の「個性」と言われる、一言では言い尽くせない特別なるものが存在しています。出口の見えない人間関係の難問に向き合ったときには、相手をねじ伏せたり、無理やり自分の側に引きずり込まないことです。

こんなときの、私の答えはただひとつ。

「人間は、一人ひとりどこかしら違っていて当然。ですから、その違いをあらかじめ認めたうえでおつき合いすること」

人も国も相手の性格や文化の違いを認めなければ、「壁」は決して越えられません。

37 眠る前には、楽しいことだけを考えましょう

五十代後半の私の友人に面白い人がいます。彼は、いつまでも健康でいられるために、世間にたくさんある健康法を、たったの三つに絞って、これを、自ら「システム健康法」と名づけ、毎日、人体実験しているとのことです。

自らを人体実験するという発想は、私と一緒の共通点です。私には、そこが面白いのです。この「システム健康法」の効果はまずまずだそうで、生涯続けるつもりだとも言っています。彼の言うシステム健康法とは次の三つです。

ひとつは、美味しく食べること。ふたつ目は、柔軟体操をすること。三つ目は、しっかり眠ること。これを、毎日肝に銘じて心がけているというのです。

これを聞いたとき、私は「なるほど！」と思いました。いずれもが、しっかりと健康の基本をおさえているからです。身体を生命体として支えるのは各種の栄養成分です。そして、身体を快適に動かすことは、生活を楽しくすることでもあります。さらに、よく眠ることは、一日の身体的疲れやストレスをなくし、翌日の充実さを準備するものです。「システム健康法」とは、よくぞ名づけてくれたものだと、いささか感心もしました。

ところで、この三つ目の「しっかり眠る」ですが、もちろん私も大賛成なのですが、しっかりとよく眠るために、私が自ら実践している「快眠法」がありますのでご紹介することにしましょう。

それは、毎晩寝床に入ったら、「さあ、これから楽しい夢を見よう」と、自分に言い聞かせて眠りにつくことです。「羊が一匹、二匹…」ではなく、自分の理想とするもの、たとえば、旅行が好きな人なら、行きたいところを歩いている自分をイメージするのです。釣りが好きな人なら、大物を釣り上げたイメージです。

普段はなかなか実現しないことも、夢のなかでなら実現しますから、とてもいい気分になるのです。要は、いい気分になることが大事なのです。いい気分ですから、ぐっすりと眠りに就くことができ、翌朝目覚めたときも、気分がいいのです。私は、人後《じんご》に落ちない飛行機マニアですから、あこがれの飛行機を操縦したり、実際に私が設立に向けて活動している飛行機博物館の姿をイメージしたりします。

楽しいことを考えて眠りに入れば、脳は喜ぶでしょう。こうして脳が喜べば、身体も喜ぶことは間違いありません。脳と身体はいつも一緒で、いわばコインの表と裏の関係のようなものです。気分がすぐれないときや、思わぬ失敗をしでかしたときなどは、とくにこの効果は威力を発揮しますから、今夜からでも試されてはいかがでしょうか。

38 最高のご馳走は、〝楽しく〟食べること

「楽しい人生にとって、普段の生活のなかで、何がいちばん必要ですか」と問われれば、いろいろあるのを承知のうえで、私は真っ先に「美味しいものを好きなだけ食べること」と答えます。多くの人も、きっと同じように答えるでしょう。

しかし、これではまだ「言葉足らず」です。よく言われることに、「美味しいものを美味しく食べる」というのがあります。これはどういうことでしょうか。私は、「楽しく食べる」ことだと考えています。

ですから、「美味しいものを楽しく食べる」、これが楽しい人生を支える最高の条件のひとつです。キッパリと言い切っていいと思います。そういえば、テレビでは、ほぼ毎日、「旨いもの巡り」の番組が放映されています。あれなどは、美味しいものを楽しく食べることが、幸せなのだということの象徴なのでしょう。

好きなものを好きなだけ食べられる、というのは、間違いなく人生の大きな楽しみです。私は、コレステロール値や中性脂肪値を考慮して、好きなウナギや卵焼きも控えていますが、その分だけ、好きなものを楽しく食べることのありがたみが、身にしみてわかるの

です。

グルメという言葉が登場してから、だいぶ時が経ちます。グルメと称する人たちは、高価で珍しいものを賛美して惜しまないようですが、本当のご馳走は、必ずしもグルメとは限りません。グルメを否定するつもりはさらさらありませんが…。

ここまで書いてきて、私には言い足りない大事なことがあります。それは、楽しく食べることの最高のお膳立ては、わが家で食べるということです。旅先やレストランで美味しいものを食べるよりも、わが家で美味しいものを食べることのほうが、生きている充実感を味わうには、最高の環境だからです。

わが家に美味しいものを調理できる人がいたら、その家庭はなんと素晴らしいでしょう。家庭の調理は、妻がするものとは限らないのが、現代の家庭事情ですから、夫も大いに台所に入って、家族サービスができれば、家族の絆も一段と深まるはずです。

子どものころから、わが家で美味しい料理を食べることのできた人は、後々まできっと楽しい人生が送れるでしょう。

食事とは、人間にとって、極めて社会的な行為なのです。

楽しい食事を通して形成される人格の持ち主とは、人生にとって何が大切かを知っている人ではないでしょうか。

39 お金の貸し借りは、金額ではなく人格が問われる

それまで良好だった人間関係が、ある日を境に、一転して崩れていく原因のひとつに、お金に係わるトラブルがあります。芸能人の離婚など、世の中を見渡してみても、お金にまつわる問題が原因であることはかなり多いのです。

なかでも、「お金の貸し借り」から起こるトラブルは、決定的な関係破壊に発展します。お金は、どんな人にとっても、生活の基盤を支えるもっとも重要な「必需品」ですから、毅然とした姿勢で臨むことを肝に銘ずるべきです。

「人は借金を断ることで友を失うことはないが、金を貸すことで簡単に友を失う」

これは、ドイツの哲学者、ショーペンハウエルがいみじくも言った言葉です。実に、言い得て妙ですね。洋の東西を問わず、お金の貸し借りで起こる人間関係のトラブルは、世界共通だということです。

この言葉を象徴するような苦い経験が私にもあります。中学時代以来の、長いつき合いのある友人が、ある日突然私を訪ねてきて、金を借りたいと申し出たのです。かなりの額でしたし、人生に係わる一大事のようでもありました。私は迷いましたが、同情の気持ち

も強く、何とか調達して、結局は友人に貸しました。

ところが、それ以来、友人とは音信不通になってしまったのです。お金が返ってこないことに、もちろんショックはありましたが、私は、長い友情関係がプッツリと途絶えてしまったことのほうに、むしろ強い衝撃を覚えました。

私は、このことを大事な「人生の教訓」として受け止め、それ以来、金額の多寡《たか》に係わらず、お金の貸し借りは原則的にしないことに決めたのです。返せなかった友人のほうが、やるせない気持ちはずっと大きいのではないかと、いまでも思っています。

お金は、借りたら返すのは当たり前のことです。当たり前と思っていない人は、たぶん例外的なケースでしょう。ところが、現実には返せない人が多数いるのです。借りたお金をきちんと返すことは、二人の信頼関係を確認することでもあるのです。場合によっては、より深まるかもしれません。借りたお金を返さない理由は、人によってさまざまに違うでしょうが、少額なら忘れてしまうということもあるでしょう。しかし、たとえ少額であっても貸したほうは、忘れることはありません。この場合、貸した金額より、貸した相手の人格に疑いを持つでしょう。

こうなったら、もう破局の一歩手前です。一度に返せなかったら、少しずつ返すことです。誠意を示すことです。もっとも、お金の貸し借りはできるだけしないことですが。

40 こころのイライラは、ジョークの力が助けてくれます

ジョークの同類語にユーモアがあります。国語辞典を見ますと、ユーモアとは、「品のよいしゃれ、滑稽《こっけい》」とあります。一方、ジョークは、単に「冗談、しゃれ」だけです。品のよいとは言っておりません。どちらかと言えばストレートです。

両者の違いは何でしょうか。私流の解釈ですが、ユーモアには、あたたかみのあるやんわりとした心配りがありますが、ジョークには、強烈なうっぷん晴らしがあるようです。別の視点に立ってみましょう。ユーモアは、ごく普通の人間関係のなかで、効果を発揮するのに対して、ジョークは、崖っぷちに立たされた瀬戸際のときに、効果を発揮するのではないか、と解釈することができます。

アメリカの戦争映画などでよく見る、兵士の突撃シーンや戦死の瀬戸際で兵士が言い放つ、ドキッとする冗談は、あれはジョークですね。その場限りだけのこころの余裕を見せつけるには、ユーモアより、ストレートなジョークのほうが、効果があるというわけです。

こんなふうに考えてみて、今度は私たちがジョークを言うときの場面を想定してみましょう。イライラが最高度に達したとき、すぐにもキレそうなとき、トラブルがエスカレー

トしたとき、とにかく相手との窮屈な関係をその場で一掃してしまいたいときなどです。そうそう頻繁に起こるわけではないでしょうが、こんなときこそ、ジョークのひとつやふたつを言ってみたいものです。思いつく限りの冗談で、その場の窮屈な雰囲気を一変させるために、ジョークは「言葉の持つ魔力」を代表するもののひとつではないでしょうか。

ふたつほど例を挙げましょう。ひとつは、アメリカ大統領レーガンが、暴漢に銃で撃たれ、からくも一命を取り留めたときに、応急処置をした医師に向かって、

「あなたは共和党を支持しているかね」と、言ったことです。レーガン氏は共和党出身の大統領です。これは彼一流のジョークです。ブラックユーモアと言ってもいいですね。もうひとつは、父・茂吉が亡くなったとき、母・輝子がわれわれに言ったジョークです。

「これで、私も思いっきり海外旅行ができるわ」

これは、夫の死の深い悲しみを自ら払うために、われわれに心配をかけまいと、あえて言い切ったジョークです。もっとも、後年、八十九歳で亡くなった母の葬儀のときには、当時の入江《いりえ》相政《すけまさ》侍従長《じじゅうちょう》が、ユーモアたっぷりの挨拶をしましたが。

「自分はジョークは下手ですから」という前に、まずはジョークの効果を知っていただきたいと思います。

41 何度会っても、その人のすべてをわかることはできません

初対面のイメージは大切です。たとえば、「お見合いの結婚」などは、初対面で決まる、と言っていいかもしれません。就職の際の新人採用の面接もまた、初対面で合否の決定がなされるのが通例です。ですから、これらの場合では、初めて人に会うときは、いつもの自分を、よりよく見せるために、服装などの身なりや言葉遣いなど、アレコレと工夫するわけです。

これだけ書いて、頭の回転の速い人なら、すでに気づいているかもしれません。すなわち、「初対面のイメージは大事だが、ここにあげたような一発勝負の場面では、初対面では、その人を正確に特定しにくい」ということです。よく考えてみれば、可能な限り自分をよく見せようとするのですから、これは当然のことです。

ですから、お見合いでも面接試験でも、本当は一回だけで終わらせないほうがいいと思うのです。

よく、「初対面でその人のほとんどがわかる」という記事を目にすることがありますが、これはどんなことでしょうか。まず初対面でわかるのは、真っ先に服装などからイメージ

する「外見」です。

次に、お互いが何かを話し合うことによってわかる、その人の「性格」です。われわれは、このふたつを知ることによって、その人の人格や能力などの「人間性」を、ある程度特定して、わかったつもりになるのです。しかし、この特定法が、どこまで正しいかどうかは、見極める側の観察力に係わっています。よく言う「人を見る眼」というのが、このことですね。ですから、かなりの「人間通」でなければ、とうていでき得ない相談なのです。私のような精神科医も、本来は、人間通であってほしいのですが、周りを見渡しても、そうそうすぐに、そんな人が見つかるわけではありません。

さて、それでは、初対面でどこまで相手を正しく理解できるかということですが、私は、「よく観察しても、初対面でわかることは半分くらい、残りの半分は何度も会わないとわからない、そして、すべてがわかることは誰にもできない」と、考えます。つまり、わからない部分を残しておく、ということです。すべてがわかったつもりになってつき合っては、あとで困ったことが起こる引き金になりかねないからです。

すべての人間関係は初対面から始まります。ですから初対面の対応はとても重要です。しかし、初対面だけでその人を決めつけない、というのは、もっと重要です。

42 父親なら、自分の仕事を子どもに話しましょう

「父親不在」と言われてだいぶ経ちます。

しかし、「母親不在」という言葉はあまり聞きません。仕事で忙しい父親が帰宅したときには、小さな子どもはすでに就眠しており、子どもが朝、目が覚めたときには、父親はすでに出勤して家にいない。父親が、子どもとお互いに顔を合わせるのは、休日くらい。その休日に、父親が「接待ゴルフ」で外出してしまっては、子どもは、父親の実像を知らないまま成長することになってしまう。

バブル経済期の、ごくありふれたサラリーマン家庭の日常風景です。一〇年程前になると思うが、『父性の復権』（林道義《はやしみちよし》・中公新書）という本がベストセラーになりました。これは、現在、日本では健全な父の権威が家庭から消滅の危機に瀕《ひん》しているので、ここで取り戻しておかないと、将来面倒なことになる、そんな問題提起が多くの読者に支持された結果でしょう。

いまでも、父親の実像を知らないということでは、そんなに変わっていないのではないか。

実像を知らない子どもは、父親の勤める会社の名前を知るのが、精一杯というところでしょう。子どもにとって、父親は極めて不透明な存在なのです。

家族のなかから、会話などのコミュニケーションが欠ければ、どんなことになるか、もはや言うまでもありません。指針となるべきお手本がなければ、苦労するのは子ども自身です。

父性の復権から察すれば、母親が健在なだけに、どうやら父性が、家族をしっかりさせるキーポイントのような気がします。男女平等の社会と言っても、父親の役割は、極めて重要なのです。

こういう状況では、父親を尊敬しなさい、と言ってもとうてい無理で、現実を見失っているこころに傷を負っている子どもたちが、後を絶たない訳を垣間見るような気がしました。やはり父親の真の姿をきちんと子どもに伝えるべきなのです。そのためにも、父親は、機会を見つけて、自分の仕事の話をしてやるべきです。

実際にわが子を職場に連れていければ最高ですが、そうそう簡単にはできない、日本の特殊事情もありますので、まずは、仕事の内容、仕事で苦労するとき、嬉しいとき、やりがい、などいろいろあるはずです。

子どもは、父親の本当の姿を知って、家族の一員としての自分を実感するはずです。

43 子どもには、親よりもおじさん・おばさんが必要なときがあります

子どもの成長過程を考えてみると、子どもが幼いときは、親の言うことをよく聞くものです。子どもにとっては、見ること為《な》すこと、ほとんどが初体験ですから、これは当然のことです。「いい子ちゃん」ですから、親も可愛くてしかたがありません。子どもはさまざまなことを、親に教えてもらいながら成長するので、親としてみれば、この時期の教え方は非常に重要だということになります。

十歳あたりをすぎるころから、いわゆる「反抗期」を迎えます。それまで親が子どもに言い聞かせていたことが、「うるさい」「くどい」「煩わしい」「同じことを何度も言うな」となり、しばしば親子ゲンカに発展します。子どもは、親の管理下に置かれることを嫌うのです。しかし、これは、ごく普通のことであり、親が心配することは何もありません。むしろ、反抗期がない子どものほうが私は心配です。反抗期は、子どもが自分の判断で問題を処理しようという、強い意志の現れと考えるべきなのです。

しかし、だからと言って、親は子どもの「自由判断」にすべてをまかせる、というのは、不安が残ります。また、子どもも、上手に問題処理ができるわけではありません。子ども

の悩みは、これまでにないほど高まる年ごろなのですから。

こんなとき、助け船の役割を発揮するのが、学校の先生であったり、子どものおじさん・おばさんであったりします。なぜ親ではないのでしょうか。人間は、いつかは必ず「自立」「独立」を目指したくなるものだ、というのが、私の考えです。その最初の徴候が、反抗期ではないのかと。

以前、映画監督であられた、伊丹十三さんが編集された『モノンクル』という雑誌がありました。こころの不安や悩みを抱えた人の疑問に、心理学者や伊丹さんご自身が、ときどきは悩める本人も交えて、気さくに誌上で話し合う、というたいへんユニークな雑誌で、創刊当時は大きな注目を浴びました。「モノンクル」とはフランス語で、日本語に訳すと「私のおじさん」です。これは、相談相手に、おじさんという存在が、極めて相応しい、ということを示しています。親ではダメなのです。伊丹さんご自身が「おじさん」として登場する雑誌でした。そう言えば、フランス映画にも『ぼくの伯父さん』（原題はモノンクル）という有名な作品がありました。

ここまで書いてきてもうおわかりだと察しますが、子どもの相談相手には、おじさん・おばさんに登場してもらうのが最適だということです。まったくの他人ではないので、子どもの緊張を解きほぐすのかもしれません。ぜひおすすめします。

44 「放任主義」では、子どもに楽しい人生を教えられません

一日は二四時間、一週間は七日、ひと月は三〇日、一年は三六五日。当たり前のことを、こう並べて、ついでに、時間は誰にも公平で平等に割り当てられたもの、と私が言えば、「いったい何をおっしゃりたいのですか」と、思われるでしょう。

いきなりで恐縮ですが、私は、この表現をあまり信じておりません。つまり、物理学的に時間を考えることを、私は良しとしないのです。「時間は使い方で、長くも短くもなる」という、よく聞く「頭のいい時間管理術」ともちょっと違います。

ところで、こんなことを考えたことが、きっとおありだと思います。成人して、何十年ぶりかに子ども時代を過ごした場所を、懐かしく訪ねてみると、広かった道路が狭く感じる、遠かった小学校が意外にも近かった、子どものころに遊んだ川は、もっと広く大きかったはずだがと、しばし不思議がった体験をお持ちではないか。

目線の高い低いが、そう感じさせるのだ、という話はよく聞きます。そうかもしれません。低い位置から見た映像が、体験としてこころのなかにしっかりと記憶されていますから、子どものときの印象は、成人しても確固として揺るぎないのです。だから、成人した

あとに感じる、あまりにも違う距離感に、人はしばしば呆然《ぼうぜん》とするのだと思います。

これとまったく同じことが、時間にも言えるのではないでしょうか。子どもの時間と大人の時間を考えてみますと、やはり、同じはずの一日二四時間が、子どもは長いと感じ、大人は短いと感じるのが普通ではないでしょうか。「長かった一年間」は子どもの感覚で、「アッという間の一年だった」は大人の感覚です。子どもにとっては、日々初体験のことがたくさんありますが、大人にとっては、毎日が同じことのくり返しです。のんべんだらりんとした日の連続です。

これでは、時間の感覚に大きなズレが生じてくるのは当然です。初体験の連続ほど、人生をワクワクさせるものはありません。私は、毎日同じことをくり返して辟易《へきえき》している、熟年層の人たちを対象に『初体験のすすめ』（ジャパンタイムズ）という本を出したことさえありました。

子どもに、たくさんの初体験をさせてあげるのです。子どもを持つ親の最大の役目だと、考えます。体験によって得られた学習は、知識以上の意味を持ちます。いい体験をすることは、子どもが成人したときに、かけがえのない財産となって、「楽しい人生」の基本となります。私は、子どもの躾《しつけ》に、「放任主義」は支持しません。親の指導は大切です。こと時間に関して言えば、親は子どもの時間を優先して、子どもとつき合ってほしいのです。

45 親子は理屈より、感情でつき合うこと

話がかみ合わないとき、よく言われることに、「相手の立場に立って考えてみてください」という言い方があります。相手の立場に立てれば、話はきっと上手くいくはずだ、という意味で使われます。

しかし、相手の立場に立って話をする、という理屈は、簡単なように思えて、なかなかできない、というのが現実です。それもそのはず、相手の立場とは、こちらの価値観や判断力をいったん棚上げして、相手の言い分を一〇〇パーセント受け入れるという姿勢です。そして、そのうえで話をすすめるということだからです。

「こんなに複雑な世の中なのだから、総理の立場に立って考えてみてください」と言われて、納得する人は、少ないでしょう。突然解雇命令を受けた社員に、「経営者としての社長の立場に立って考えてみてください」と言ったら、本人は、きっと「はらわたが煮えくり返る」でしょう。相手の立場というものは、そうそう簡単に立てるものではないのです。多くのケースで、人間には、妥協を許さないという意志があるのですから、当然です。話してもわからない「壁」は、想像以上に高いのです。

こうした考え方のプロセスは、親子関係を考えるときにも、大いに役に立ちます。子どもが学校の先生と相性が合わなかったときに、「先生の立場にもなって考えてみたら…」とか、母親と意見が合わなかったとき、「お母さんの気持ちにもなってみてね」と言っても、子どもは理解できないでしょう。ですから、「ハイ、わかりました」とはならないのです。先生は生徒の立場になれるし、母親もまた、子どもの立場になれますが、子どもには、先生の経験も、母親の経験もないのですから、相手の立場に立てないのは、当然のことなのです。

それではどうしたらいいでしょうか。ここに役立つヒントがあります。それは、親は子どもに、「相手の立場に立つ」のではなく、「相手の感情を理解する」ということを学ばせるのです。嬉しい、悲しい、苦しい、つらい、大好き、幸せ…などの感情です。感情ですから、子どもにとっても、理解できるのです。

「お母さんの立場にもなってみて」ではなく、「それじゃ、お母さんは悲しくなっちゃうわ」と言うのです。「友だちのタクヤ君のことも考えてみたら」ではなく、「きっとタクヤ君は泣きたい気持ちだろうな」と言ってみることです。

親子の絆をしっかりとするためには、しばしば理屈より感情を表に出すことです。「感情教育」ですね。感情が豊かになれば、きっと「楽しい人生」に繋がるはずですから。

46 絆のために夫婦二人で感動し、二人で頼り合う

「団塊の世代」と言われる人たちが、いよいよ定年を迎えるときが近づいてきました。何しろ、わが国の現在の年齢層で見れば、もっとも多い人口集団が団塊の世代です。

ここでは、定年後の話をするわけではありませんが、夫と妻が「楽しい人生」を歩むために何をしたらいいか、という大命題は、団塊世代の人たちにとっては、正に「火急《かきゅう》の問題」でもありましょう。私自身が自ら体験した、夫婦の絆のほんの一端《いったん》をご紹介しながら、楽しい人生に繋がる何かを考えてみたいと思います。

まず、子どもが中学に入ったあたりから、徐々に家庭のシステムを子ども中心から夫婦中心に切り替えていくことです。食事メニューや余暇の時間など、夫と妻に眼を向けるのです。育ち盛りの子どもには、食事の量などは増やすことが必要ですが、ときどきは意識して夫と妻の好みに合わせせます。

また、子どもの夏休みなどを利用して、夫婦二人で旅を楽しむ習慣をつくってください。何でも二人で話し合って、相手の「苦労をねぎらう」という発想を忘れずに行動をともにすることが肝心です。留守を預かる子どもには、「わが家を守る」というキッカケを提供

するのです。そのためにも、子どもにしっかりと話をして、旅に出かけることです。旅だけでなく、映画やレストランに出かけて、そのときばかりは現実を忘れることが大事です。こころが晴れ晴れとします。そして、改めて夫婦の絆の大切さを実感すると思います。

さて、私たち夫婦が、絆を深めた最大のある出来事を、いささか照れながらご紹介します。二〇数年以上前のこと。二人でメキシコに行ったときのことです。高度二五〇〇メートルの小さな山岳列車の駅での出来事でした。カミさんがホームに降りて、列車の窓から顔を出している私の写真を撮ろうとした、そのとき、列車がいきなり動き出したのです。ご存じのように、外国では発車ベルを鳴らさないのが普通です。走り出した列車を追いかけるように、列車のデッキから手を差し出す私の手を、カミさんがつかもうとするのですが、私はカミさんの手がつかめません。列車は徐々にスピードをあげ、これで最後かと思った瞬間、私はカミさんの手をしっかりとつかんで、必死でカミさんを引き上げることができました。いま思えば、映画のワンシーンのようでした。

私たち夫婦が、「倦怠期」を味わったことがないのは、きっとこういう体験が寄与しているからではないでしょうか。二人で感動し、二人で頼り合うことがやはり大切ですね。

47 人生は「道草」「寄り道」「回り道」が楽しい

「道草をする」「寄り道をする」「回り道をする」

こう並べてみて、大の旅好きである私は、これこそ旅の真骨頂だと、しみじみと考えてしまいます。そして、私がこれまでしてきた旅の数々を想うにつけ、寄り道や回り道をした旅ほど、こころに強い印象を残していることに、改めて感無量になるのです。人生が旅にたとえられて語られることは、古くは、芭蕉の『おくのほそ道』などがあるのは、誰でも知っている通りです。旅も人生も、まっすぐな一本道では決して楽しくありません。楽しく、面白く、こころがワクワクするためには、予定外の遊びごころが、むしろ不可欠だということです。そのためには、道草や寄り道、回り道が大きな効果をもたらす、というわけです。

私の「道草人生」は、しばしば他書でも紹介したことがありますので、ここではいちいち触れませんが、自分では人生の節目になったと思っている、いくつかのポイントだけを、ざっと紹介してみます。

① 幼稚園の門前で泣きわめき登園拒否をした　② 中学生でタバコを吸い始め喫茶店の

「喫茶ガール」を眺めていた ③そのころ新宿で松竹少女歌劇団の小倉みね子さんの脚線美に見とれていた ④医学部に入る前に文芸科に行った ⑤軍医として中国と日本を行き来した ⑥昭和二五年に診療所をあらたに開設した ⑦昭和三三年に戦後最初の海外旅行に出かけた。そして、私が初めて本を出したのが昭和三九年でした。

私は、決して医師の道をひたすらまっすぐに進んできたわけではありません。抑えきれない私の好奇心が、あちらこちらで私を引き留め、たくさんの寄り道、回り道をさせてきたのです。いまでは、こうした回り道に感謝し、結局は、「わが生きざま」に、自分でも納得しているのです。

回り道は、激減したとはいえ、いまでもこの「人生哲学」は健在です。近所の散歩や講演会だって、回り道の発想は、大いに功を奏するのです。

確かに「スローライフ」が叫ばれたりして、日本人の人生の楽しみ方も、少しずつ変わってきているように思いますが、まだまだ広く浸透しているとは思えません。ただなんとなくダラダラとして過ごすのはいやだ、という考え方が根強く残っており、明確な手だてを見いだせないままでいる人も、少なくないのです。人生に対する考え方の基本が違っている、と言ってしまえばそれまでですが、一度きりしかない人生を、自分らしく楽しく過ごすためにも、改めて「回り道人生」の意義を考えてみてはいかがでしょうか。

48 やたらに過去を悔やむと、不幸への道を突き進んでしまいます

いっさい過去を振り返らないという人は、たぶんいないでしょう。いい思い出のいっぱい詰まった過去なら、ときどき振り返って楽しい気分になるのはいいものです。日本中で、「同窓会」が欠かせない恒例行事となっているのは、日本人がいかに過去のいい思い出を大事にしたいかという、お手本のようなものではないでしょうか。いい過去は、将来に向けての励みにもなる、ということです。将来に希望が見いだせないから、過去を振り返るというものでは決してないのです。

ところが、やたらに過去の苦い体験を引っぱり出してきて、自らを傷つけている人がいるのはどうしたことでしょうか。現在の不幸の原因が、過去の「あのこと」にあると、私の病院にやってこられる方は、少なくありません。

そうした患者さんの話を詳しく聞いてみると、確かに、現在まで引きずってしまっているという「つらい過去」を、容易に忘れることができないのは、しかたがないと思うこともあります。

私のところにきた、ある女性の患者さんは、不眠の悩みでした。聞けば、過去につき合

った男性のことが忘れられず、思い出すたびに不眠に悩まされるというのです。話を聞いてわかったことは、彼女が、現在の不眠は、彼と結婚できなかったことが原因だと、強く思い続けているらしい、ということでした。私は、これは彼女が現在感じている不幸の裏返しではないかと、思いました。

とにかく、過去を悔やむクセのある人が少なからずいるのは残念なことです。過去の自分の至らなさを悔やんでも、それだけでは何の解決にも繋がらず、かえって苦しい道を突き進むことになりかねません。やはり、過去は過去、と割り切ることが大事だということです。

まったく反対の人もいます。私の周囲にも思い当たる人が何人もいます。目線は常に前を向いてますから、いつもイキイキと振る舞い、活動的な性格でもあります。ぼんやりとしていることはめったにありません。このことを、絵に描いたような人が私の近くにおりました。私の母・輝子です。ちょっとだけ紹介します。

東京大空襲で病院、家、家財道具の一切合切が消滅したとき、母は「さばさばしたわ」と言ったのです。また、夫・茂吉との懐かしい思い出のある、パリのホテルを何十年ぶりかに私が案内したときも、母は一顧《いっこ》だにしなかったのです。まさに前しか見なかった典型的な人でした。それは同時に、自分らしく生きた人生の見本でもあったのです。

49 「完全主義」よりも「優先順位」

私は、「完全主義」という言葉が好きではありません。大上段に構えた、いかにも仰々《ぎょうぎょう》しい印象があるからです。「正義」とか「信念」も似たようなものです。言葉の意味するところは、いたく感じ入って、大事にしたいのは、よくわかるのですが、とにかく窮屈な感じがするのです。

こうした言葉には、小さなミスも許さないという雰囲気がある、原理主義に繋がる何かがある、と勝手に解釈してしまうのは、誠におこがましい限りなのですが、「ほどほど」や「気楽」、「お笑い」などの言葉が、私にはピッタリするのです。

くどいようですが、言葉の持つチカラというのは誠に絶大です。絶大ですから言葉を大事にしたいのです。どんな言葉を使うかによって、その人の生きざまがわかるような気さえするのです。

私は、いつも「リラックスしたこころ」を忘れないことを心がけて生きています。そのために、私がおすすめする言葉は、普通には、否定的な使い方をされる場合もありますが、私は、逆に積極的に使っていただきたいと思っております。そして、リラックスすることの重要性を実感していただきたいのです。

私は、数年ほど前から、病院の仕事のほとんどを息子にまかせておりますが、それまでの私は、かなり忙しい毎日の連続でした。全国各地での講演などもけっこうたくさんあったために、いろいろな事務処理を先延ばしすることは、御法度でした。極力その日のうちに片づけることは、私の大事な習慣だったのです。そして、そういう合間に、何とか時間を見つけて旅に出かけたわけです。

そのとき私が、もっとも気を配ったのが、「優先順位」です。ただ闇雲にやっていては、必ず不都合が起きてしまいます。原稿の締め切りや講演のキャンセルなどです。そうならないためにも、優先順位を決めるのは、相手に迷惑をかけないためにも、欠かせないチェック機構だったのです。

そんな忙しいときに、私が忘れなかったもうひとつの大事なことがあります。それが「こころをラクに構える」ということでした。ラクに構えることによって、こころに余裕のようなものができ、結果的に、人さまに、大した迷惑もかけずに、いままで無事に生きてこれたのです。

ラクに構えて大丈夫ですか、という疑問を持たれるかもしれませんが、長続きさせるためには、ラクに構える姿勢は、やはり欠かせないと、いまもつくづく思います。

50 どう生きるかと、どう死ぬかを一緒に考えることです

私は、「コインの裏表」という言葉をこの本のなかでも何度か使いましたが、便利な言葉なので、ここでもちょっとだけ使ってみたいと思います。「生きる」と「死ぬ」はコインの裏表の関係です。両方説明して初めて、人の一生に触れることができるからです。

人間、ある程度の歳になると、「死」について少しずつ考えるようになります。ある程度の歳とは、定年の六十歳を過ぎたころか、平均寿命の歳あたりか、これは人によってかなりの開きがあると思います。また、ずっと若くても、現代では、死を考える人は決して少なくないようです。

二〇年以上前からの知り合いで、現在六十歳の彼は、四十三歳のときに、医者から「上咽頭腫瘍《じょういんとうしゅよう》」と診断されました。「必ずしも良性とは言い難い」という医者の言葉に、目の前が真っ暗になった、と言います。三カ月間にわたった入院生活中、大量の洗濯物が並んでいるだけの、誰もいない病院の屋上に立って、連日、真下の道を通る人を眺めながら、彼が考えたことは、

「生きていることは素晴らしいことだ」「どんな仕事だって働ければ、それだけで満足だ」

「家族の顔を見て、話ができるだけで幸せだ」ということでした。

死を意識したときに、初めて「生きることの意味」がわかってくる、ということを、彼の言葉は、強く訴えていると感じました。彼は、夜眠りに就くときにも、このまま眠り続けて、もう目が覚めないのでは、という恐怖が、週に二、三回はあった、とも言いましたから、もうある種の「臨死体験」だったかもしれません。

幸い、悪性ではなかったということがわかって、いまではとても元気で、歳よりかなり若く見られるということです。彼は、自分が死を意識したことによって、「生きる」ということに、彼なりの意味を見いだした、ということではないでしょうか。

四国八十八カ所札所巡りや、秩父三十四カ所札所巡りなどに代表されるように、こころの落ち着く場所を求めて、たくさんの日本人が白装束に身を固めて歩いている姿を、テレビや雑誌でよく見かけます。

著名な作家や政治家までもが巡礼の旅に出かけている昨今ですから、長寿を約束された日本人は、「いい死に方」を求めて、いま現在を楽しく生きていこうと考えている、と私なんかは思ってしまいます。生きても死んでも、「こころの居場所」が実感できるというのは、最高の幸せだと思います。生きることと死ぬことは、やはりコインの裏表なのですね。人間には死があることを考えて、どう生きるかを考えることは大事なことだと思います。

第3章

明るい人生に必要な25の言葉

～開き直って生きる

51 死ぬまで移動し続けるのが、楽しい人生

毎日、新聞を見ていて、旅行案内の広告を目にしない日はないくらいです。国内旅行から海外旅行まで、実にさまざまです。駅の構内によくある、旅行代理店のパンフレットの種類などを見るにつけ、そのおびただしい量に圧倒されたりもします。

たった一日だけの日帰りバス旅行から、一〇日間くらいの海外旅行まで、かなりの格安料金で、日本と世界のあちこちに出かけることができるのです。旅行好きなら、こうした新聞広告やチラシを見ただけで、きっとこころがワクワクするはずです。

私は、人後に落ちない大の旅行好きですから、旅行の日取りが決まると、もうこころがウキウキしてきます。仕事も、やり残しがないように、この期間だけは、一所懸命に頑張ってしまいます。私は、人間は本来、旅の魅力を知っているのだろうと思っています。「旅は嫌いです」という話は聞いたことがありません。

いきなり話が飛んでしまうようですが、人類が地球上に誕生して以来、世界のいたるところに住むようになったのは、まだ行ったことのない土地に強くあこがれたからだと、思います。海の向こう、山の向こうにワクワクする何かがある、きっと幸せがあると信じて、

人類は、絶えず移動をくり返していたのです。

その、人類の本能のような、移動へのあこがれが、現在、旅となって引き継がれているのではないかと、私は勝手に考えたりしてしまいます。何しろ、旅ほど心地よい刺激に満ちたものはないのだし、これを高尚な言葉で言えば「非日常的な、適度な脳への刺激」ということになるでしょうか。

「旅好き人間はボケない」とはよく言われることです。しかし、ボケまで進まなくても、「旅好き人間は、いくつになってもイキイキとしている」でいいわけです。旅がイキイキ人間をつくるのは、その背景に「好奇心」があるからです。この好奇心こそ、「楽しい人生」の最大のキーワードなのです。

母・輝子は、亡くなる直前まで移動をくり返して、自ら「楽しい人生」をつくり上げた人でした。子どもの私でさえ、母の好奇心には舌を巻き続ける連続でした。七十九歳で正月元旦を南極で迎え、翌年はエベレストの四千メートルまで登りました。あとでわかったことですが、母の総旅行距離は、一四三万キロメートルで、これは地球から月へ、二往復したことになるそうです。要するに、母の「元気の素」は、「自分が行きたいところに旅をし続けた」ということです。ただ付いていく旅から、本当に行きたいところへ旅をする、これが、母が私に残した遺言のようなものだったのです。

52 過ぎたことはあきらめる、冒険心と勇気を持つ

どんな人生も複雑にできていますから、なるべくシンプルに生きましょう、というのが、この本の基本概念であり、同時にまた、私の生き方の根幹を成すものでもあります。シンプルな生き方がわかりにくい生き方では困ります。

人間は、幸せなときほど、こころがシンプルになっているものです。わかりやすい状況を自らつくり出したことで、判断に迷うこともなく、目的もしっかりと見据えることができますから、幸せを肌で感じることができるのです。

念願の学校や会社に合格した瞬間、二人で結婚を決めた日、初めて子どもが生まれたとき、これらのときに感じる喜びは、シンプルでわかりやすく、明るい先が確実に待っているような気分です。文字通り「幸せいっぱい」です。不安が一気に晴れたときに感じる、最高の気分です。

しかし人生が、もともと複雑にできている限り、予想もしなかった哀しみや苦しみが、ある日突然にやってくることは、誰にも避けられないことです。また、人生には、どんなに哀しんでも、どんなに苦しんでも、どうにもならないことが山ほどあります。そんなと

きに、考えてほしいことがあります。それは、「昨日と違う今日を生きてみる」という発想です。「明日はきっと晴れる」と、強く肝に銘じ、シンプルに考え直してみるのです。過ぎたことはあきらめるのです。わかりやすい別の言葉で言えば、「開き直る」ということでもあります。

「開き直る」を国語辞典で見てみると、「急に態度を改めて、正面切った物腰になる」とあります。これでは、「悪のススメ」のように捉えかねられませんが、ここでは、「不安に動じない姿勢」と考えていただき、「どうにもならない哀しみや苦しみ」の解消法として活用しよう、ということです。それでは「開き直り」の活用とはどんなことでしょうか。

まず、嫌なことを意識的に忘れて、自分が楽しいと思うことから始めます。次に、何度もくり返して習慣化します。たったこれだけの作業で、不安な自分から脱出できるのです。ただ、この単純な作業に、欠かせないものがあります。それは、冒険心であり勇気です。これがなければ、かえって苦しむことになりかねません。

私は、開き直りの達人を知っています。母・輝子です。旧ソ連のある空港で、待てどもこない飛行機を待っている間、母は「謡《うたい》」を口ずさんで平然としていたのです。いまでも強烈な印象として、私のこころに残っています。敢然《かんぜん》と開き直って、ただひとり悠々としていたのです。こういう気持ちの持ち方には、やはり見習うべきものがありますね。

53 人間力は、劣等感・失敗体験を活かして育てましょう

「こんな見事な結果を出したのは、何をバネにしたんですか」

これは、人が大きく飛躍したときに、よく言われる言葉です。人が羨《うらや》むほどの成果の背後には、強いバネがあるらしい、ということです。強いバネがなければ、大きな成功は望めない、という意味でもあります。

バネは「こころのバネ」という言い方で使われるときもあります。どうやら、バネは深く「人間力」と係わっているようです。この重要な、バネという言葉の正しい解明のために、まずは、その本来の定義から入ることが必要です。

国語辞典には、「鋼《はがね》などを螺旋《らせん》状に巻き、その弾力を利用して、衝撃の緩和、力の蓄積を目的に、機械部品として用いる。転じて、足や腰の弾力（性）、はねる力」とあります。これを見てもわかるように、バネは、あらゆる機械製品に、なくてはならない重要なものだということがわかります。

バネの定義がわかったところで、「足や腰の力」からさらに転じて、いよいよ本題の「人間力としてのバネ」を考えてみることにします。

第3章
明るい人生に必要な25の言葉

私は、人の成した、見事な結果を支えるものとしてのバネを考えるときに、二種類のバネがあると考えます。ひとつは「劣等感」というバネです。もうひとつは、「失敗体験」というバネです。この二種類のバネは、深く「人間力」に係わっていることは、さまざまな例が証明しています。

フランスの英雄の象徴として、同国の近代化に尽くしたとされるナポレオン・ボナパルトは、身体が小さかったこと、また家柄が低かったことなどで、強い劣等感の持ち主だったと言われています。しかし、ナポレオンにとっては、この強い劣等感が、強力なバネになって、ヨーロッパを制覇したということです。劣等感とナポレオンの結びつきは、よく引き合いに出されますから、これ以上の説明は不要でしょう。

次に、失敗体験です。これは、程度の差こそあれ、万人共通の人生経験です。人は失敗を体験したことによって、今度は同じ失敗を、決して起こさないようにと、いろいろと知恵を絞り、工夫を重ねるのです。そして、「見事な結果」として実を結ぶ、というわけです。そう言えば、『失敗学のすすめ』という本がベストセラーになって世間を賑わしたのは、ほんの数年前でした。

「人間がいちばん人間らしく見えるとき」、そのための確かな力(バネ)になるなら、劣等感も失敗体験も大いに活かしたいものですね。

54 ミスをしたときは、それを認めて何度も呟くこと

ミスや失敗を経験として活かすために、私がときどきやる不思議なことがあります。失態を演じてしまったことに係わる、具体的な対象やモノを、ひとり口のなかで呟くのです。「ひとり口のなかで」という、ここが大事なところで、ひとりでモグモグとやるのです。たとえカミさんの前でも、人前では決してしないのです。

これは、どういうことかというと、内緒にするというより、自分にしっかりと言い聞かせるためです。「しっかりと言い聞かせる」のが重要ですから、一回で終わらせず、何度もくり返すのがコツです。

多少の気恥ずかしい気持ちを投げ捨てて、私の例をふたつほどご紹介します。

一九九五年という年は、前の年に病院の院長職を辞したおかげで、かなり時間に余裕ができ、よく旅に出かけました。クルーズでアメリカに行く途中、旅行保険をかけていなかったことに気づいて、たいへん切ない思いをしました。当時流行った、「出かけるときは忘れずに」というクレジットカードの広告も知っていながらの私のミスでした。幸い、旅は無事に終わりましたが、ボケが始まったかなと疑った、七十九歳のときでした。

以来、私は、旅に出るときは、必ず「保険、保険……」と呟くようにしたのです。この習慣の結果、その後は一度も忘れることがありませんでした。

ふたつ目は、日常生活の卑近な例です。二泊三日の予定で、四国へ講演に行くときでした。羽田空港に着いて、チェックインのカウンターの前に立ったとき、なにやら口のなかがモグモグとしているのです。入れ歯をしていなかったのに気づいたときは、本当にビックリしました。何しろ、数百人の前で講演をするのですから、大あわてでした。急いでカミさんに電話を入れて、羽田まで届けてもらったという不始末でした。七十一歳のときでした。そのときから、私は、家を出るときは、決まって口のなかで、「入れ歯、入れ歯……」と呟くことにしたのです。

そんなわけで、いまは改めて「呟きの効用」を身にしみて感じているのですが、この口の中でモグモグとやる呟きは、別の場面でも効果があるようです。こちらの効果とは、こころに勇気とか安心感が湧き出る、というものです。

若い友人の話を紹介します。仕事を終えて会社を離れるときと、家路に差しかかったときに、モグモグとやるのだそうです。彼が言うには、仕事の後は、「大したことじゃない、失敗は誰だってやる、大したことじゃない」と。家路につくときは、カミさんと子ども二人の名前をくり返すのだそうです。気分転換にはもってこいだと言い切っておりました。

55 人生では、「口ベタ」が人に好かれることもある

一流のセールスマンはペラペラと喋りまくらない、という話はよく聞きます。お客さんに七〇パーセントくらいを喋らせ、自分は三〇パーセント程度にとどめる。お客さん中心という印象を与えるためには、これくらいがいちばんいい、ということです。

セールスマンの目的は、自分が売り込みたい商品が、お客さんに気に入られるかどうかですから、信用が第一です。喋りすぎは信用に繋がらない、ということを、よく知っているわけです。「口八丁、手八丁」は、セールスマンには御法度なのです。

同じことは、日常の普通の会話でも言えることだと思います。「いい会話」とは、どちらか一方に片寄りすぎないことですから、「立て板に水」のように話してはいけないのです。まるで演説のように、自己陶酔して話をする人がいますが、これなどは、もっとも悪い話し方だということです。

話し上手と言われる人は、確かによく喋る人です。むっつり黙り込んでいることができない人です。

しかし、本当に話し上手な人は、相手の状況をよくわきまえて話のできる人です。決し

て、舌先三寸で、ペラペラと一方的には喋らないのです。

ここまで、話し上手な人について触れてきたところで、今度は、話しベタとか口ベタと言われる人の話し方について考えてみましょう。私は、話し上手になることをおすすめはいたしますが、口ベタはいけません、とは絶対に言うつもりはありません。口ベタには、話し上手には見られない素晴らしいところがあるからです。

それは、口ベタな人ほど、自分を飾らない話し方ができる、ということです。自分を飾らない話し方とは、人間的魅力に溢れた話し方、ということです。こういう話し方は、話し上手と言われる人には、なかなかできません。ですから、口ベタな人が、いい仕事ができたり、親友と呼べる人が多いのは、こうした理由からなのです。まくしたてるように話しては、人間関係で損をするということですね。

私は、ときどきはつかえながらも、自分を飾らない話し方ができる人に、やはり人間としての魅力を感じます。

そんなわけで、ときどきは自分の話し方を疑ったりもします。

話し方には、どんな人にも通用する便利なマニュアルというものはないのですから、やはり話す人の飾らない姿勢が、いちばん大切だということですね。ですから、口ベタを恥じる必要など、まったくないのです。

56 好き嫌いがハッキリしている人ほど、人間関係で悩むものです

好き嫌いは、誰にでもある、人間としての普通の感情です。それを、ここで問題にしようというのですから、よほど大事なことでなければ、取り上げる意味がありません。順を追って説明をしたいと思います。

人でもモノでも好きになるということは、気持ちのいいものです。この「好きになるという感情」が、人生を楽しくします。しかし、好きという感情が、強くなればなるほど、嫌いという反対の感情が密かに頭をもたげてきて、その結果、ときには悩みの種に発展してしまうのです。これはどういうことかというと、好きという感情が、嫌いという感情を排斥《はいせき》しようとするために起こるこころの葛藤です。逆の場合もまた同じです。どちらかの感情が強くなればなるほど、両者は仲違《なかたが》いを起こし、一方を受け入れなくなるのです。

何々が最高だ、とハッキリ言う人ほど、何々は大嫌いだ、とハッキリ言いたがります。好き嫌いがハッキリしているということは、人間関係においては、他人に容赦がない、一分の隙も許しがたい、ということになりやすいのです。こうなっては、人間関係がスムーズにいかないのは当然です。

それでは、どうしたらよいのでしょうか。私が、いろんなところで言っている、「完璧主義の弊害」が、ここでもはっきり見えてきます。

人間関係で考えてみましょう。

欠点がないから、その人が好きだ、という言い方は危険です。これでは、完璧を愛するという方向に進みますから、その人の欠点が少しでもわかってくるようになると、好きだった気持ちが、一気に、嫌いに方向転換してしまう危険があるというわけです。

逆に、その人の欠点に魅せられることは、しばしばあります。この、欠点を好むという気持ちを、心理学では「救助願望」と呼びます。ここにはすでに、こころのバランスを重視する人間的配慮が見られます。一分の隙も許さないという、極端な好悪の感情は、陰を潜めているのです。ですから、相手の欠点に魅せられたという人は、人間関係もこじれることは少なく、とても幸せだと思います。

かくして、好き嫌いという、万人共通の感情が、極端に走らないことがいかに大事かということがおわかりいただけたと思うのですが。

この項の終わりにあたって、素晴らしい言葉をご紹介します。名高いフランス文学者であられた河盛好蔵《かわもりこうぞう》さんのある著書から見つけました。

「食べ物の好き嫌いが多い人は体が弱い。人に対して好き嫌いの多い者は心が狭い」

57 自分が変わることをせずに、人の変化を望んではいけません

ものごとが、自分の思うように、上手く運ばなかったり、悩み事を抱えたときに、人は、誰かに相談しようと考えます。自分の力だけではムリだと思えば、これは当然のことであり、正しい判断です。上司や先輩、信頼できる友人に話したことで、解決の糸口が見えてきた、ということはよくあることです。

以前、何かの本で、こんなことが書かれてあるのを見たとき、実に「言い得て妙」だと、感心したことがあります。

「自分の力だけで成功した人はいません。また、他人の力だけで成功した人もいません」

これは、自分の力も他人の力も過信してはいけません、両者の力がうまくかみ合ったときに、本物の力が発揮できるのです、ということだと思います。

ところで、「他力本願」「自力本願」という言葉があります。相反するこのふたつの言葉は、片方だけ使われることはあまりなく、両方が同時に使われることが多いようです。そのほうが、よくわかるからです。

現実には、言葉の本来の意味から離れてしまって使われることが多いようです。人に頼

ってはいけません、自分で解決を図りなさい。つまり、他力本願ではダメです、自力本願でいきなさい、というような使われ方です。

しかし、冒頭の例は、自力本願だけでは、なかなか解決策は見えてきませんよ、ということですから、世の中の仕組みは面倒にできているのですね。

人間関係をベースにした、さまざまな悩み事は、一度深みにはまってしまうと、なかなか解決に至らないことが多く、そのために苦しい思いをするのですが、そんなとき、多くの人が、つい思ってしまうのが、相手を責めたりしてしまうことです。

「彼がきちんとやってくれていれば、こんなひどい結果にはならなかったのに」
「彼女の暗い性格が変わらない限り、絶対にうまくいかないわよ」

これでは、もう責任転嫁の一歩手前です。解決の糸口さえ、自ら放棄したようなものです。彼も彼女も、同じ悩める人間であることを、忘れてはならないのです。これを怠ると、いつも過信するクセのついた人間になって、何でも上手くいかなくなってしまうことになりかねないからです。

話が、ややこしくなった感がありますので、最後に、私が言いたいことを単刀直入に申し上げます。自分と他人の力の関係を考えるときに、私がおすすめしたい言葉です。

「人が変わることを期待する前に、自分が変わることを、まず考えてください」

58 人間らしくいられる究極は、「お互いさま」

「ありがとう、と言える人になりましょう」と、私は第79項で、その大切さについて触れますが、ここでは、別の角度から、「感謝する謙虚なこころ」を持つことの重要性を考えてみたいと思います。

人間関係で悩まない人はいません、と、私は何度も何度もくり返し、その都度、私なりの解答を提示したわけですが、これからお話しする例は、人間関係がどうあってほしいかを考える、基本中の基本だと思います。私は、この話をするたびに、いささか胸が打たれる思いです。

ある方から聞いた話です。小学一年生くらいの女の子と、女の子の近くに住んでいるおばあちゃんのホッとする話です。女の子は、学校の帰り道、決まっておばあちゃんの家に立ち寄って、その日学校であった話をするのです。その一部を、ここで再現します。

「おばあちゃん、あのね、翼クンは、今日、算数で百点満点をとって、大喜びしたのよ」

「今日の給食、とっても美味しかったのよ。何だか知ってる。教えてあげようか。わたしの大好きなカレーライスよ。きれいに食べたわ」

「わたしね、鉄棒の逆上がりがぜんぜんできなかったんだけど、今日、先生に教えてもらったら、何回もクルクル回れるようになったの。嬉しかったわ。今度、おばあちゃんに教えてあげるからね」

そして、女の子がおばあちゃんの家を出るときに、おばあちゃんが言う言葉です。

「瞳ちゃん、今日も楽しいお話、ありがとう。おばあちゃん、とっても嬉しかった、とっても幸せ。また聞かせてちょうだいね」

女の子は、おばあちゃんに話をすることで、学校で嫌なことがあっても、気持ちがスッキリして、元気になる、ということです。

話の中身の問題ではありません。この話の中には、女の子とおばあちゃんの中に、「感謝する謙虚な気持ち」が、ありありと見えるということです。私は、こういう話を聞くと、人間はどうしてもっと素直になって、感謝する謙虚なこころが持てないのだろうか、と思ってしまうのです。

私は、この話から、「こころのコミュニケーション」というものを感じとります。わかりやすく言えば、「お互いさま」という、安心感です。人間が人間らしくいられる最高の心境、それが「お互いさま」ということですね。

59 「よく生きる」とは、自分をほめることです

「毎日が何となく不安なんです」「ぜんぜん元気がありません」「何もやる気が出ないのです」「こうして生きているのがつらいんです」

これらは近ごろとくによく聞く言葉です。「何となく不安症候群」とでも言ったらいいのでしょうか。しかし、これらの言葉が、かりにあなたのこころのなかを代弁しているとしても、そんなに心配することはありません。毎日がいいことばかりで、いつもやる気が満々で、身の回りは面白いことばかりです、なんて人は、だいいちこの世に存在しないのではありませんか。

どんな人の人生にも、その人なりの、言うに言われぬ「こころの不安」は付きものです。「楽しい人生」とは、誰もが経験するこころの不安を、上手にコントロールして、これらのすき間に見え隠れする、小さな喜びや感動を見つけることではないかと、私は考えます。そして、これらの小さな喜びや感動の積み重ねができれば、それはもう、立派な人生ではないでしょうか。

また「よく生きる」とは、さまざまな喜怒哀楽のくり返しを「よく頑張ってきたな」と、

わが身を振り返って、ささやかでもいいから、そんな自分をほめてあげることです。

考えてみれば、われわれが日々体験しているさまざまなことは、「過去に経験済み、だからまったく心配は不要」というものではありませんね。似たようなことであっても、状況や対人関係はそれぞれに違っているので、あらたな対応が必要になってきます。「何となく不安」がなかなか解消できないのは、こういうことにも原因があるのではないでしょうか。

人の評価というものは、マイナス面に目を向ければ、マイナス面だけがどんどん膨れ上がり、ついには何もかもがマイナス面ばかりという終着駅にたどり着いてしまいます。マイナス面が一切ないという人はいないのですから、こういう評価の習慣は絶対に避けるべきであり、ときによっては、人生を大きく狂わしかねません。

「生き方の達人」などと世間でよく言われる人が、雑誌や本のなかで、「その人が本来持っているプラス面に目を向けることが、楽しい人生をつくる素になります」などと、よく言っているのと、これは同じことです。そして、「いまこのときを大事にする生き方」、これが「楽しい人生」をつくる原点ではないでしょうか。

そのためにも、ときどきは自分をほめてあげるこころの余裕を身につけたいものです。身の回りの小さな喜びや感動に気づけば、ほめるキッカケは必ず見つかると思います。

60

「こころの整理」のために、何でもメモしましょう

「こころの時代」と言われてずいぶん時間が経ちます。あの忌まわしい戦争のあと、わたしたちの国は、めざましい高度経済成長を成し遂げ、その結果、世界でもトップクラスの安定した生活環境を手にすることができました。このことは同時に、わたしたち日本人の世界に向けての誇りでもありました。

しかし、脇目も振らずにあまりにも急ぎすぎた結果が、いまこうして大量の「こころの不安を抱く日本人」をつくり出したのも本当です。モノを最優先させたことで、こころが置き去りにされてしまったということです。「自分とはいったい何者なのか」という、こころの整理がつかないまま、毎日を悶々と生きている人は決して少なくないのです。私を含めて、精神科の専門家が、しばしばマスコミに登場するのは、こうした背景があるからです。

こんな時代を反映して、「こころの整理法」といった内容の本が大量に本屋さんに並んでいます。いくつかの本はベストセラーとなっているようです。しかし、こころの整理と言っても、こころの不安の原因は人さまざまですから、自分に適切と思われる処方箋を見

つけ出すのは、そう簡単ではないはずです。

そこで私は、こころを不安な状態にしている原因のひとつを「自己確認の欠如」として捉え、これをもっとも簡単に確認できる方法として「毎日メモをする」ということを提案しています。小説家がよく書くような詳細な日記ではなく、日々の出来事をさり気なく記録するメモのことです。ですから分厚い日記帳などは必要なく、ポケットに入る程度の手帳でいいのです。私はこの「メモの習慣」を戦争前から今日に至るまで、一日も欠かさず続けています。ですから、もう六〇年以上やっていることになります。

断っておきますが、自己確認をするためにメモするということではありません。日々のメモが結果として、自分という人間を知る貴重な手がかりになるということです。メモの内容は何でもいいのです。喜怒哀楽など何でも、印象に残った出来事をメモします。人に見せることを目的とはしておりませんから、素直に率直に書くことです。

こうして書かれたメモは、後日読んでみると、客観的に自分を観察していることがわかります。退屈と感じる毎日も、メモをすることで退屈でないことを発見します。何しろ、三六五日毎日締め切り日があるのですから、生活を乱すほどのこころの不安などは感じる間もなく、いつの間にか消えていってしまうのです。気持ちを引き締める意味でも、ぜひおすすめします。

61 「人づき合いの達人」なんて人は、いません

楽しく生きるために、どうしても欠かせないのが人間関係です。どんな人にも、人間関係は、人生のあらゆる場面で、決定的な役割を果たします。人生とは、言葉を代えれば「人間関係の自分史」と言っても、言いすぎではないような気がします。

しかし、あらゆる場面で「人づき合いの達人」などという人は存在しません。「人生の達人」が存在しないことと同じです。われわれは、「あのときはヘマをしてしまったな」と思いつつ、「今度はどうにか上手くいったよ」と安堵し、自らの人間的対応に×や○を付けながら、少しずつ体験学習をしていく、これが現実の人間関係というものでしょう。

ですから、人間関係は、楽しむかどうかに重きを置くことです。「人とつき合うのが上手いネ」と言われた人が、「でも本音はちっとも楽しくなかった」と言うことは、実際よくあることだし、反対に「下手だネ」と言われて、「でも、けっこう楽しかったよ」と言うことはあるからです。

人づき合いが、「どちらかというと上手い人」とか、あるいは下手な人ということを言われることがありますが、この場合も、同じ人が別の場面では上手くいかなかった、とい

うことは必ずあり得るということです。

もう少し具体的に述べてみましょう。私は、人間関係を楽しむ原点、すなわち体験学習のキーワードは、家族観察にあると考えます。私は、こんなことを書いたことがあります。

「いっぷう変わった両親のもとで育った私は、いつしか親の日常を観察する楽しみを覚えてしまいました。人間も、濃い味・薄味いろいろあって面白いんです…」

家族観察は子どもが親を見ても、親が子どもを見ても基本は同じです。家族観察で、改めて自分という存在の本質が見えてくるのです。

これほど手っとり早い人間観察はありませんから、この観察で得た観察力を、広く人間関係に活かすということです。また、観察する側も、そのときの環境や心理状態によって、「人を見る眼」も変化します。こうした、臨機応変の観察と対応が、実に面白く、同時に人間関係を楽しむキッカケになるのです。

確かに、人の悩みの最大の発生源と言えば、それは人間関係でしょう。しかし、同時に人の喜びの最大の発生源もまた、人間関係です。家族、職場、友人、恋人など、それぞれの人間関係を充実させることは、「楽しい人生」の重要なポイントのひとつです。そのためにも、何でも率直に言い合える家族に眼を向けて、人間関係を楽しむ原点にしたいものです。

62 本当の話し上手は、「聞き上手」

誰でも「話し上手な人」になりたいと思うものです。それは当然のことでしょう。上手な話し方は、コミュニケーションを円滑にし、人を説得するのに大いに役に立ち、さらには人に好かれるキーポイントにもなるからです。そういえば、「上手な話し方」をテーマにした本が、たくさん書店に並んでいます。このことは、多くの人が話し上手になりたいという願望を証明するものなのでしょう。

それでは、上手な話し方とはどんな話し方なのでしょうか。一般的に言えば、まず話がわかりやすい、ポイントが絞られていて簡潔明瞭、同じことをくどくどとくり返さない、一方的に喋りまくらない、そして、聞く側の関心を絶やさないたとえ話の引用…などがあげられるでしょうか。私なら、これらに「笑い」を加えますが。

人前で何かを話すときに、これらが完璧に備わっていれば、たぶんその人は「話し上手な人」と言っていいかもしれません。しかし、そんな条件を備えた、理想的な話し方をする人は、めったにいるものではありません。

私の話をしますと、世界の船旅での面白い経験があります。世界一周の船旅は約三カ月にわたりますが、この間に、同乗者の間でいくつかのグループができます。リーダー的な人物の周りに人が集まり、いつの間にか行動をともにするようになるのです。そして、それぞれのリーダーには、確かに「話し上手」という共通項が見て取れるのです。

しかし、ここで思わぬ事態が起こります。わずか数日で自然消滅してしまうグループが出てくるのです。よく見ると、消滅するグループのリーダーは、自分だけが一方的に喋りまくっているということです。人の話をあまり聞かないのです。

一方、ずっと継続するグループのリーダーは、ある時期になると、今度はもっぱら聞く側に回るのです。つまり、司会者のような役回りになるということです。このことによって、グループ全員に話ができる場を提供するということです。

私がここで言いたいことは、「話し上手」も大事だが、ときには「聞き上手」はもっと大事だということです。本当の話し上手とは、聞き上手だということでもあります。聞き上手な人は、自分にはない情報をまめに入手することになり、同時に、話し手と聞き手のバランスが巧みにコントロールできるということにもなるのです。

「いろいろ話してくれたが、もうこれで結構！」という人より、また会って、こちらも話したくなる、そんな人が本当の話し上手ではないでしょうか。そして、そのポイントは「聞き上手」にあるということなのです。

63 いい趣味は、豊かな人生をつくる美味しいトッピング

「どんなときがいちばん楽しいですか?」と問われれば、多くの人が「好きなことをしているときです」と答えるのは、すでにわかりきったことです。このわかりきった問答を、あえて持ち出したのは、次の問いにつなげるためです。

「それでは、あなたの好きなことは何ですか?」

答えは、十人十色、いや百人いれば百人違うかもしれません。「人生いろいろ、人さまざま」ですから、これもありきたりの問答です。そこで私は、やっと核心に触れる問いかけをすることができます。

「その好きなこととは、時間を忘れてのめり込めるほどの趣味ですか?」

ここが大事なポイントです。趣味を一切持たない、という人は、今時たぶん少ないでしょう。

しかし、時代はどんどん変わり始めています。いまでは、仕事が大事だと思う人ほど、豊かな趣味を持っているという人が、だんだん増えてきているようです。素晴らしいことです。このことは、「趣味が仕事を支えている」ということではないでしょうか。

かつて、俳人として活躍なされた楠本憲吉《くすもとけんきち》さんは、大阪にある実家の、料亭「なだ万」の経営を姉にまかせ、自分は作句に熱中し、ついには、「男子は趣味に生きるべし」とまでおっしゃっておられました。このことが話題に上り、お店の評判が上がったというのは、知る人ぞ知るお話です。

私にもまた、人後に落ちない趣味があります。いろいろあるのですが、他書でも何度も書いたので、ここではひとつだけ紹介することにします。それは飛行機関連のグッズを集めることです。大は、各種の座席、プロペラ、タイヤ、小は、各社の制服、フライトバッグ、機内雑誌、ナイフにフォーク、トイレの各種備品などさまざまです。これらが、いまではわが家から溢れだし、倉庫に預けているぶんだけでも、段ボール一〇〇箱は超えているはずです。私の夢は、飛行機博物館を羽田空港の近くに創設することです。すでに働きかけてはいますが、まだ決定にはこぎ着けてはおりません。

くり返します。いい趣味とは、時間を忘れてのめり込める趣味のことです。種類や質の問題ではありません。夢中になれることが、趣味の醍醐味だからです。当然のことですが、時間を忘れてのめり込める趣味は、うつやボケの特効薬でもあります。私は多くの実例を知っております。美味しい料理に多彩なトッピングが欠かせないように、豊かな人生にもいい趣味は欠かせないトッピングなのです。

64

「イマサラ」はやめて「イマカラ」と言いましょう

「イマサラ、どうにもならない」「イマサラ、やってもしょうがない」「イマサラ、そんな歳じゃない」

　私たちがときどき口にする「イマサラ」という言葉は、おおむね否定的に使う場合に限られるようです。『広辞苑』を見ると、「今となって。今改めて」とあります。「その行為や行動を起こすのは、時すでに遅し、だから意味のないことだ」という解釈のときに、この言葉の意味が鮮明になります。

　しかし、われわれは「イマサラ」という言葉を安易に使いすぎてはいないでしょうか。言葉は、一度口に出してしまうと、それが当然のことのように既成事実としてまかり通ってしまうのです。言葉がその人の性格や行動の行く先を決めかねないということです。言葉の持つチカラは、やっぱりすごいものだと思います。

「イマサラ」と声に出して言ったときに、思考力はなかば停止すると、私は考えてますから、これを、あえて「イマサラ症候群」と名付けて、なるべく使わないように心がけています。私の歳になれば、思考停止は人生停止にもなりかねないのです。

そこで私は、自分の考え方や行動を抑制し、何ごとにも保守的になってしまいがちな「イマサラ」という言葉をやめて「イマカラ」と言いましょう、と提案します。私自身のことを申し上げます。その代表例が「日々実験のすすめ」です。日々実験は、単調な生活の脱出にはもってこいの作戦です。

十数年前、「別棟隣居」という長期計画の実験を始めました。それまで私たち家族は、私たち夫婦、長男、次男、三男、長女、それぞれの家族を合わせて総勢一五人・五世帯がまったく別々の場所で生活をしていたのですが、これから一カ所に集まって「大家族生活」を始めよう、というものでした。この話を切りだしたのは長男でしたが、私のカミさん以外はすべて反対で、「イマサラそんな面倒なことを…」とみんなが思ったのです。

結果は、長男の強い説得力が功を奏し、見事この「家族革命」は現実のものとなったのです。いまでは、誰もが満足しています。あのとき「イマサラ」にこだわっていたら、こんなに心地よい生活は送れなかったのです。

私の実験はもちろんこれだけに限りません。おしゃれの実験、禁止されていたお酒を飲む人体実験、週一回は夫婦で外食する実験、会いたい人に自分から電話をかける実験…。小さなことですが、いろいろあります。現在も継続しているものもあります。ちなみに、お酒の人体実験は、「適正飲酒の効果」が証明できて、いまでも私の愉《たの》しみのひとつです。

65 マンネリズムなくして、成熟した人間社会はできません

主婦が多くの男性諸氏より元気なのは、毎日くり返しやることがあるからです。家族の誰よりも朝早く起き、炊事、洗濯、掃除と、夫が会社に着く頃には、すでに一通りの家事を済ませてしまっている主婦も少なくないでしょう。「主婦業」とはいえ、このくり返しの作業が、生活のリズムをつくり、また、上手に要領よくすることによって、気分も優れ、活性ホルモンの働きをも促しているのです。毎日の生活にメリハリのついたリズムこそが、「元気の素」なのです。

ところで、同じことを何度もくり返すことを「マンネリズム」と言って、嫌う人がいますが、これはちょっと問題です。そもそもマンネリズムという言葉の意味は、「マナー」という表現が、習慣化した行為や行動に結びつく考え方や生き方を指すものでしょう。マナーとは、人が誰でもより良く生きていくために、長い時間をかけてつくり出した大切な生活習慣です。よく考えてみれば、私たちの生活は、みんなマンネリズムでできているということです。マンネリズムなくしては、成熟した人間社会は成立しないということなのです。

このマンネリズムについて、私のことを少しお話ししてみたいと思います。私は「一日一回のすすめ」ということを、だいぶ前から講演などで話したりしています。その一日一回の代表例のひとつに、「毎朝、バナナ半分と砂糖抜きお汁粉を食べる」という習慣があります。この組み合わせは、あるテレビ番組を見たことがキッカケでした。コレステロールや中性脂肪の値が高い私には、動脈硬化や高血圧の予防は欠かせないのです。それ以来、一日一回、私は「食べるクスリ」として習慣にしました。現在、このコンビは、大いに功を奏しているようで、ここ数年は血圧と肝臓の数値が安定しているのです。

こうした一日一回がいくつかあれば、生活にリズムが生まれますし、適度な刺激が脳を活性化してくれるのです。こうして、自分に合った一日一回を毎日の生活の中に取り入れることによって、快適生活のリズムが守られ続けていくというわけです。

確かに、私の周りでも、長寿の人は体にいい一日一回を必ず身につけています。ある友人は、朝・昼・夜に簡単な自己流柔軟体操を一回につき三分くらいやるそうです。たったこれだけで、かなり体調がいいと言ってました。体をいつも軟らかくしておくことは、医学的にみても極めて大事なことです。彼は「よく喋る」ことも心がけているということです。

自分なりの一日一回をぜひ実行して、充実した生活のキッカケにしてください。

66 「完璧主義」をやめると、目の前が開けてきます

怠け者の反対は頑張り屋です。怠け者は人から嫌われます。自ら得るものが少ないうえに、人に与えるものも少ないからです。反対に、頑張り屋は多くの人に好かれます。得るものが多く、人に分け与える余裕もあるからです。

私がここで言う「得るもの」とは、お金や物品などのモノだけとは限りません。思いやりや親切心などのこころのケアーも含まれます。ですから、怠け者になってはいけない、頑張り屋であり続けよ、というのは、私が自らに言い聞かせてきた言葉でもあります。私は、そう考えて今日まで生きてきました。

しかし、人生は、○か×かの二分方式で割り切れるほど、簡単なものではありません。誰もが支持する頑張り屋が、時によって思わぬ失態を演じることがあるからです。頑張りすぎた結果、自分も周りも見えなくなってしまったときに、突然の不幸が襲うのです。それは、体の不調であったり、人間関係であったりします。

それでは「頑張りすぎる」とはどういうことでしょうか。私は、完璧を求めるということだと考えます。一〇〇パーセントを目指すということは、ストレス指数が最高度に達し

ていることです。これは、その人を支えてきた人間らしさが、いつ切れるかわからない危険な状態とも言えます。

頑張れば何をやってもうまくいく、というほど、世の中は単純にはできていないのです。頑張らなければある到達点に達しないのは当然ですが、現実の社会では、これらのプロセスに「バランス」という心配りが必要になるのです。このバランスが崩れたときに、初めて、頑張りすぎたことが不幸の原因をつくったということに人は気づくのです。

そこで、このバランスということになるのですが、それは「頑張り屋の人ほど、ときどきは怠け者になってみてはいかがですか」ということが私の提案です。そうすることで、身体とこころのバランスを心地よく守っていく生き方を心がけてください、ということです。人生は長いのですから、「ほどほど」という姿勢は大事なのです。

私は、だいぶ前から、「人生八〇パーセント主義」を提唱してきましたが、八十歳を過ぎたあたりから、六〇パーセントを最高ランクに位置づけています。人は、理想を高く持てば持つほど、欲求不満に陥っていく、というのは本当です。

「頑張らないという生き方」は、いまでは当たり前のようになっている感がありますが、誤解も多くあるように見受けられます。怠け者は、やはりいただけません。しかし、頑張り方にも心地よい頑張り方があるということを、ぜひ知っていただきたいのです。

67 「小欲知足」の発想で、小さな幸せを実感できる

欲を少なくして足るを知る。これは仏教の教えですが、こういう考え方ができれば、毎日の小さな出来事を楽しみ、日々生きていることの幸せが、きっと実感できるようになるはずです。欲望と幸福は常に相互関係にあり、どちらか一方がなくなれば、もう一方も自然消滅するというものです。ですから、どちらも生きるうえには欠かせないものなのです。欲望があるから幸福が体験できる、幸福を願うから欲望が必要になる、これが「楽しい人生」をつくる原点です。

問題は、欲望の大小であり、幸福の大小であります。大きい欲望は、そうやすやすとは満たされません。しかし、小さな欲望なら苦しまずに簡単に満たされます。欲望が大きければそれだけ悩みも大きい、ということになります。

そこで、まず欲望の度合いを小さくすることが求められるのです。小さくすることによって、しばしば手にすることのできるようになった小さな幸せを、こころから大事なことだと思うことです。これが「小欲知足《しょうよくちそく》」の言わんとするところです。

この発想は人間関係にも大いに役立ちます。人間関係のトラブルは、おおむね、相手へ

の欲求（欲望）水準が高すぎることに原因があります。私が係わった患者さんのケースでは、「家庭内離婚」という問題にまで引き起こされる事例が数多く見られます。

そのなかでもよくあるのが、こんなケースです。夫の将来に対して妻が過剰な期待を持ち、その期待が裏切られたときに衝突する場合です。「あなたにはどんどん出世してもらって、定年退職したら、今度は二人で海外旅行をたっぷり楽しみましょう…」。

ところが、現実はこういうふうにはならないことが多く、その結果、妻は大事な夢をくじかれて、夫に対して強い失望感を抱くのです。

これなどは、家庭内で起こる過剰な期待から、夫と妻の関係が壊れていく、よくあるケースです。もちろんこの逆のケースもあります。お互いの要求水準が高すぎると、いわば完璧主義のぶつかり合いとなって、ほとんどのケースで高い壁が二人の間にそびえ立つ、ということになってしまうのです。

当然のことですが、この問題は夫婦関係に限りません。嫁と姑、親と子、先生と生徒、上司と部下、友人同士でもしばしば起こりうることです。

張りつめた人間関係を、一転して楽しい関係にするには、まず欲を少なくして、相手をおおらかに受け入れることです。これは私がつかんだ人生哲学のなかでも、かなり重要な範疇に属します。

68 年に一回だけでいいから、ワクワクするイベントを計画する

年中無休という「店」はありますが、年中無休という「人」はたぶんいないでしょう。もし日曜日や祝日などの休日がなかったとしたらどうでしょうか。また、休日が何日も続く、夏のお盆休みや冬の正月休みがなかったとしたら…。こう考えるだけで、休日が楽しい人生を送るためには、絶対に必要不可欠なものであることが理解できるでしょう。

そこで大事なことは、これらの休日をどう楽しく過ごすかということになります。休日は平日の出勤日より、早く起きるというサラリーマン諸氏も少なくないそうです。せっかくの休日なので、より多くの時間を趣味や遊びの時間に使いたい、ということのようです。こういう人は、きっと休日の使い方が上手いのかもしれません。

人生を楽しくする休日の使い方として、私が提案したいことがあります。それは、年に一回だけでもいいから、待ち遠しくなる「ビッグイベント」を計画しておくということです。小さい子どもなら、夏休みに「どこどこへだれだれちゃんと行く」という、あの心躍るプチ旅行かもしれません。親子なら、お盆休みに実家に帰って、近くの海や山の大自然に触れるという、あの楽しさと共通するものです。

私の知り合いで、数年前に定年を迎えたYさんは、年に一度一週間前後のヨーロッパ旅行をすることにしています。そして、今年が春なら、来年は冬というように、季節を分けて行くのだそうです。そのために、普段からフランス語やイタリア語を、自己流で勉強しているとのこと。行く日が決まれば、毎日がワクワクしますから、こんなに楽しいことはありません、とはYさんの言葉です。

さて、私の場合です。普通なら信じがたいことかもしれませんが、一年に一回、私の誕生日に、別棟隣居の一四人の家族に「いたずら」をする日と決めているのです。私たち夫婦は、家族の誕生日や結婚記念日には必ずカードを書いて送るのですが、私の誕生日だけは、いたずらが許される日なのです。

いたずらと言っても、悪さをするのではなく、思いっきりビックリさせるのです。集まった大家族を前にして、私は、時には飛行機のパイロットの制服姿、あるときには、スコットランドの民族衣装である巻きスカートとキルト、別のときには、日本古来の羽織袴姿。こんなふうに、とにかくみんなを驚かせるのが目的ですから、言葉もそんな雰囲気を心がけます。歳をとると、みなさん誕生日をイヤがるようになります。これではちょっと淋しいではありませんか。私の場合は、自分勝手なゲームのような感じですが、大家族が一堂に会するまたとないキッカケをつくっているのだと、自分ではひそかに自負しているのです。

69 わが家だけに伝わる「恒例行事」が、人間を大きくする

恒例行事といって、真っ先に思い起こすのは、大晦日《おおみそか》とお正月、七草がゆ、雛《ひな》の節句、春秋のお彼岸、端午《たんご》の節句としょうぶ湯、七夕、盆供養、十五夜のお月見、冬至《とうじ》のゆず湯などでしょうか。

忙しい日々の暮らしに潤いとけじめをつけて、気持ちよく一年を過ごすためのよい生活習慣です。私などは、こういう不透明な現代には、むしろもっと積極的に取り入れるべきだと思っています。

しかし、私がここで取り上げるのは、もっと家族的、個人的なものです。「わが家だけの独特な行事」なのですが、どこの家庭にもあるものとは限らないかもしれません。もしあなたの家庭がそうだとしたら、自分たちの代からスタートさせればいいのです。一例として、私のケースをお話しいたしましょう。

斎藤家には、これまで四代にわたって継続している行事があります。子どもが十五歳になると、「元服登山」と称して、親子全員で山に登るのです。登る山は、先祖の地である山形の月山《がっさん》か鳥海山《ちょうかいさん》です。元服とは、子どもが大人の仲間入りをするときに礼服として着

る服装やその儀式のことです。歳は十五歳とは限らないようですが、だいたいこれくらいの歳です。元服登山は、間が少し空きすぎていますが、斎藤家という家族の絆を感じさせるものとしては良かった、と私はいまも考えています。

また、私たち親子の代になってからは、「空襲記念日」という行事もありました。これは先の戦争で、米軍の東京大空襲によって、自宅と病院が全焼した日を記念してつくられたわが家の恒例行事です。小麦粉だけでつくった団子の「すいとん」をみんなで食べて、戦後の貧しかった時代を思い起こし、いまの幸せを感謝するというものです。

斎藤家独自の恒例行事をふたつだけ紹介しましたが、家族にとっての「楽しい人生」とは、何ごとも共有体験をすることで視野を広げ、人間としての器も大きくなってほしい、という願いが、こうした恒例行事には込められている、ということではないでしょうか。

恒例行事は、継続することで意味があるのですが、途中で途切れてしまうこともあります。しかし、それぞれの家庭に根付いた行事は、しばらく経ってからの再体験もまた、いいものです。四年程前に、だいぶ足腰の弱ってきた私は、父・茂吉の歌にちなんで鳥海山に登りました。翌年には蔵王《ざおう》にも登りました。私は、元服登山を思い出しながら、とてもいい気分になったのです。

70 人も時間も、旅として考えよう

「月日は百代《ひゃくたい》の過客《かかく》にして、行かふ年も又旅人也」とは、あまりにも有名な、芭蕉の『おくのほそ道』の書き出しです。後続を見れば、「日々旅にして、旅を栖《すみか》とす」というのですから、芭蕉が単なる旅好きとは無縁の人であることは明らかです。メモ帖を片手に旅を続ける芭蕉は、私にとって偉大なる師匠です。

私の旅好きは何度もこの本で触れましたが、その私が、「人も時間も旅として考えよう」と言うからには、まずそのわけを説明しておかなければ、話が進みません。

旅の反対語は何でしょうか。すぐに思いつくのが日常生活です。その日常生活は、おおむね退屈です。退屈ですから、ときどきは抜け出したくなります。こころのリフレッシュが必要です。その気分転換の、いちばん手っとり早い方法が旅だというわけです。

私は、よくこんなことを聞かれることがありました。

「そんなにお出かけになられて、疲れたりしないんですか」

私にとって疲れとは、翌日まで残る心身の疲労です。その日のうちに消えてなくなってしまえば、もう疲れとは感じないのです。好きな作家の分厚い新作小説を、一気に読み通す人が、疲れることがないのと同じかもしれません。

毎日の生活は、必ずストレスが伴うものです。働く時間や人間関係を考えるだけで、もう目の前に「ストレスという妖怪」が、うっすらと立っているようなものです。日常生活は、解釈の差こそあれ、誰にとってもストレスそのものです。ですから、ストレスから遠ざかる何かが必要なのです。しかし、ストレスを悪と決めつけてはいけません。ストレス学説の創始者ハンス・セリエ博士が言った有名な言葉があります。

「適度なストレスがなければ、人間は滅亡してしまう。だから、人からすべてのストレスを取り除いたら、その人はダメになってしまう」

ストレスは必要だということですから、日常生活だってそんなに悩むには及ばないのですが、こころがモヤモヤして生きているのでは、やはり面白くありません。そこで、ストレスと、いっときのサヨナラをする旅をしましょう、ということになるのです。旅をしている間は、自分も時間も「旅の境地」にはまりきっています。長い人生に、この境地は欠かせません、と私は言いたかったのです。

それにしても、旅が人生であると喝破《かっぱ》した芭蕉は、すごい人ですね。

旅に病んで夢は枯野《かれの》をかけめぐる（『花屋日記』より）

私も、こんな心境で死にたいものですな。

71 一回笑えば一歳若返り、一回怒れば一歳年をとる

これまでに、私の本を読んだことのある方なら、「一《いっ》笑《しょう》一《いち》若《じゃく》、一《いち》怒《ど》一《いち》老《ろう》」という言葉が、記憶に残っている人はいるかもしれません。

この言葉は、私が思いつくままにつくった造語です。中国やわが国古来の格言などではありません。いささか照れくさいのではありますが、自分でも、よくぞこんなにわかりやすい言葉を思いついたものだと、ときどき考えたりもします。大事なことなので、いままでの本と同じような、文字どおりの説明はやめることにして、少し別の視点から、ここでも触れてみたいと思います。

「笑う」ことと「怒る」ことは、人間の持つ原始的な感情です。このふたつの相反するこころの動きを体験しない人はいないはずです。笑うことによってもたらされる結果と、怒ることによってもたらされる結果を、人間の脳に及ぼす反応として、少しだけ考えてみたいのです。

まず、笑うとはどういうことでしょうか。日本のある地方には、昔から「笑い講《こう》」という伝統的慣習があって、いまでも大切に執《と》り行われています。また「笑う門には福来たる」

などは、誰もが知っている言葉です。さらに、現在、アメリカ医学界では「笑い療法」なるものが重要な医療法として実行されているというのも、笑いが、いかに人に素晴らしい効果をもたらすかを科学的にも証明しているということです。

反対に、怒るとはどういうことでしょうか。人は怒ってばかりいると、脳がストレスを受け続けます。こうした脳は、「抗ストレスホルモン」と言われる副腎皮質ホルモンや、「アドレナリン」という副腎髄質ホルモンなどをかなり大量に分泌します。こうなると、脳は疲れ切って、結局は脳と身体のオーバーワークとなり、老化を早めてしまうのです。

こころと身体が表裏一体であることは、くり返し述べてきたことではありますが、強調したいのは、こころが病めば身体も病みやすく、こころが健康であれば身体も健康になりやすい、ということです。ちょっとしたことにも、すぐ怒ってしまう習慣のある人より、いつも笑顔を絶やさずおおらかに生きているほうが、ずっと身体のためになるということです。

最後に念のために申し上げておきますが、私はどんなときも怒ってはいけない、などと言うつもりは決してありません。むしろ、怒らなければいけない、というときは必ずあるはずですから。ささいなことでもすぐ怒る、という、怒りっぽいクセだけはやめましょう、ということです。キレやすい人は、結局、人生に損します。

72

「死ぬまで生きてやる!」という意気込みで生きる

アメリカやヨーロッパでは、二十代の若い人にも負けないくらいの、元気ハツラツとしたお年寄りが、実にたくさんいるのを、テレビや雑誌で見かけることがあります。風貌は誠にカッコよく、女性ならおしゃれだし、男性ならダンディーです。ですから、着ているものも若々しい出《い》で立ちだし、言うこと為すことが、自信に溢れているのです。趣味も多彩のようです。

私は、こんな人たちを見るにつけ、「人生を思いっきり楽しんでやろう」という意気込みを強く感じるのです。素晴らしいことです。

日本の「お年寄り常識」から考えれば、「年寄りの冷や水」と、からかわれるかもしれません。年寄りは年寄りらしく、隠居でもして静かに生きたほうがいい、という考え方が、いまも根強く残っているからです。

しかし、「不良老人」をすすめる私としては、日本人にはびこるお年寄り常識は、そろそろ卒業していただいて、「死ぬまで面白く生きてやるぞ」というくらいの強い意気込みで、世間へ飛び出すことが、いまの熟年世代には必要だと思います。

要するに、現役を退いたら、それから先は一人ひとりの「個人勝負」なのですから、「人からヘンに思われたらどうしよう」と考えるより、現役時代にはやりたくてもできなかったことを、大きな人生目標として、勇気を持って生きることだと思います。

海外で長期生活をするという人は、以前は、ごく少数の限られた人たちの特権のようなものだったのですが、現在は、リタイア組などを中心に、かなりの数にのぼっているということです。たいへん喜ばしいことです。アメリカなどでは、もう半世紀以上も前からある生活スタイルでした。

世界でもトップクラスの物価高の日本から脱出して、「第二の青春」を海外で暮らそうというのは、今後さらに加速すると思われます。生活費の安い、治安の安定した魅力的な国は、世界にはけっこうたくさんあるのではないでしょうか。

多くのリタイア組が移住先に選んだ国のひとつに、ニュージーランドがあります。この国で生活したある人は、

「人目をまったく気にしなくていいので、六十歳を超えてもウインドサーフィンを楽しんでいます。毎日飽きるということがまったくありません」と言っていました。

「もう一度青春を取り戻したい」と本気で考えるなら、日本脱出は、もっとも手っとり早い選択かもしれません。やはり夫婦一緒に移住することですね。

73 ストレスは、なくすのではなく減らすもの

私が、もうだいぶ前から言っていることに、「ストレスは無くすのではなく、軽くすること」だというのがあります。どんな人生においても、何ごとも「イチかバチか」の追いつめられた選択法では、なかなか解決はできないものです。多少のゆとりを持った「ほどほどの加減」が大事であり、結局はこの「ほどほど発想」が、難問の好転につながるということなのです。

ここでは、人のこころを圧迫するほどの強いストレスでも、「毎日何かを楽しむ習慣」によって軽減できるという話をしてみたいと思います。そして、考えてほしい大事なことは、そのときその瞬間だけの、一時的な解決を目指すのではなく、長い期間にわたって、継続して解決するということです。簡単ないい例のひとつとして「フラワーセラピー」（花療法）を紹介してみたいと思います。

私の斎藤病院（精神神経科）では、花や植物によって、患者さんのこころのケアとして効果の期待できる、このフラワーセラピーを実施しています。花の持つ色彩の美しさとかぐわしさは、どんな人のこころも癒やしてくれるものです。

四季折々に咲く花の美しさは、その形や色によって、人のこころを魅了してやみません。たくさんの愛好家がいるのは、当然のことです。いや、それどころか、人間にとって、花の利用価値は、古今東西、絶大なものであったのです。

「カラーセラピー」という療法があるとのことですが、花の持つ色彩なら、たぶんもっともよい効果が期待できるのではないでしょうか。

また、「アロマセラピー」というものがあり、こちらは、香りの効果を目的とした療法です。アロマとは、匂いとか香りのことで、このかぐわしい匂いを吸い込むことで、脳がリラックスして、免疫力が高まるというものです。

カラーセラピーもアロマセラピーも、偉大な自然の創造物としての草木を使ってなら、きっと期待も大きいのではないでしょうか。

また、自分で草木を育てることで、命の大切さや育てる喜びを体験することもできます。こちらは、「作業療法」のひとつとして、私の病院でも、欠かせないこころのケアとなっています。

ともあれ、毎日何かを楽しむ習慣として、草木を育てるのはとてもいいことです。精神科の病院でもしているくらいですから、普通のサラリーマンや主婦のストレス軽減には、癒やし効果を発揮する、草木とのおつき合いを、ぜひおすすめいたします。

74 私から好奇心がなくなったときは、私の人生も終わり

もし、「楽しい人生」を考えるのに欠かせないものを、ひとつだけあげよ、と言われたら、私はすかさず「好奇心」と答えるでしょう。好奇心なくして、私の人生はあり得なかった、好奇心が私の人生を面白くした、と、本心からそう思います。

私の人生を支えてきた好奇心を、別の視点から考えてみると、九十歳のいままで、私の脳を活性化し続けてきたのが、この好奇心だった、ということですネ。メモや記録を取ること、何度かの世界一周の船旅、飛行機グッズの収集など、私の人生を決定的にしたこれらは、すべて好奇心から出たものです。

ですから、私から好奇心がなくなったときは、私の人生も終わりということになりますが、長い間ずっと、二人三脚のように、「持ちつ持たれつ」できた習慣は、なかなかなくなりません。私には、死ぬまでなくならないものだと思ってます。

その、私の好奇心を代表するもののひとつとして、みんなが知っている、あの「鉄道唱歌」があります。「汽笛一声新橋を、はや我《わが》汽車は離れたり」で始まる、あの歌です。この歌は、なんと四〇〇番くらいまであって、それぞれの駅に到着するに当たって、その駅

と町の特徴を見事に言い得ているのです。そして、ここが、とてつもなく面白いのです。乗物には、子どものように目のない私は、病みつきになったのです。ちょうどワクワクする推理小説を読むように、四〇〇の駅が、私の好奇心を駆り立てるのです。

延々と続く、四〇〇もの駅の名前を、ここで、一つひとつ紹介する余裕はないのですが、たとえば、横須賀駅で、軍艦が出てくるあたりは、当時（歌詞の内容は、明治三三年ごろ）の状況が、いまもたいして変わらないということを想像させてくれます。また、名古屋の熱田《あつた》駅では、「あおげや同胞四千万」とありますから、一〇〇年程前の日本の総人口が四千万人だったということです。

「鉄道唱歌」の膨大な数を、全部ソラで歌える人がいるかどうかは知りませんが、チャレンジしたくなる人がいるのは、私自身が証明しています。世の中には、何百桁という数字を丸暗記してしまう人がいるというのは知っていますが、同じ丸暗記なら、「鉄道唱歌」のほうが、ずっと面白いのではないでしょうか。

とにかく、私が挑戦したのは、七年程前の正月元旦のときでした。乗物が大好きなので、三島駅あたりで、もうストレスは消えています。快感があるのみです。「鉄道唱歌」の歌詞は、頭脳の記憶回路を活性化させる、またとない格好物なのです。

ところで、私が何番までソラで歌えるかは秘密ですので、ご勘弁をお願いいたします。

75 九十歳になっても、知らねばならないことがある

「九十歳にならないとわからないことがある」

と言ったのは、九十六歳で亡くなられた禅の大家・鈴木大拙《すずきだいせつ》先生ですが、私はこの言葉にたいへん共鳴すると同時に、今年九十歳を迎える私は、

「九十歳になってわかることとはどんなことだろうか」

と、考えます。これは九十歳になっても、知らねばならないことがある、そのためにもシャンとした姿勢で人生に向き合ってほしい、ということだと、私なりに解釈します。老いてなお、「生きる」姿勢として、強くこころに響く言葉です。

それでは、歳を重ねてわかること、とはどんなことなのでしょうか。単なる知識でないことは、言うまでもないでしょう。人の一生全般に係わる、もっと深い意味であることは間違いありません。ここも、私流に解釈すれば、人や自然を含めた、すべてのものに対する感謝のこころであったり、生きる喜びをしみじみと感じる、静謐《せいひつ》なこころであったりするものだと思います。

「滋味《じみ》深い人生」という言い方があります。「人生の深みを極めた人だけが味わえる豊か

な人生」というような意味でしょうか。老いるとは、まさにこの境地に至るための道、だと捉えたいと思います。

もうひとつ、老いることの意味を考えてみます。誰にでもよくあることですが、若いときに体験したことがわからないまま、そのまま歳を重ねて、老いを迎えて再び思い起こすときに、「ああそうか、あれはそういうことだったのか」と、気づくときの不思議な喜びです。こころの躍動と言っていいかもしれません。そして､当人は､「生きていてよかった」と、本心から喜びをかみしめるのです。

日本が、大量のお年寄りでいっぱいに溢れるという、これまで日本人がまったく経験したことのない「超高齢社会」が、もう目の前にきています。いや、すでにもう、そういう世の中になっているかもしれません。大量のお年寄りをかかえた社会には、それに見合うだけのしっかりした社会システムと、一人ひとりの生きる姿勢を大事にする価値観が必要です。このふたつがズレを起こすことなく機能することが大事です。

しかし、私は、どんなに社会システムが整備されても、歳を重ねるということの本当の意味を理解しない限り、「楽しい人生」を送ることは難しいと思うのです。そのためにも、「老いることが、人生の深い味わいを楽しむ絶頂期にいる」くらいの気持ちになることだと考えているのです。

第4章

快適人生に必要な25の言葉

～気楽に生きる

76

「バカバカしい」と考えるのは、もったいない

同じ事実が、ある人には面白いと感じられ、別の人にはつまらないと感じられるのは、両者の考え方の基本が、違っているために起こる感情の差です。また、面白いと感じた人が、同じ事実を、別の機会にはつまらないと感じることがあるのも、人の考え方がいつも同じとは限らないからです。

しかし、人間の感情が揺れ動くのは当たり前のことで、少しぐらいのことであれば、問題にすることは何もありません。「豊かな感情」という表現がありますが、これなどは、たったひとつの感情よりも、感情はいろいろあったほうが、人間らしくて素晴らしいという意味で、使われるのではないでしょうか。

問題は考え方です。考え方がいつもふらついているようでは、人生は息苦しいものになってしまうでしょう。考え方もいろいろあって当然ですが、コロコロ変わるようでも困ります。人間関係にも支障を来《きた》すのは避けられないかもしれません。

私は、いついかなるときも、同じ考え方で臨むべし、などとは決して言うつもりはありません。こと考え方について、私が自信を持って言えるのは、「何ごとも明るい方向に眼

を向けて考えましょう」ということだけです。

定年後を、「こころのハリがなくなって、毎日がつまらない」と考えるか、「やりたいことが何でも自由にできる時間を持てて、毎日朝早くから起きています」と考えるかは、明らかに定年後という事実に対する、考え方の差から出てくる姿勢であり生き方です。定年後の人生という同じ事実が、両極端になってしまうのは、「考え方の向け方」が、いかに大きな役割を果たすかを、如実に物語っているということです。

「ことほどさように」とは、まさにこのことで、考え方が明るいから明るく生きられるのであり、考え方が暗いから暗く生きてしまう、ということです。

私の著書の読者なら、私が、旅先で「橋を持ち上げる」という話を、ご存じの方もいらっしゃるかもしれませんが、これなどは「明るく考えると、さらに加速して明るくなる」ということの典型ではないかと思っています。世界の名だたる橋を背景に、私は両手をあげて、まるで橋を持ち上げているような写真を撮るのです。イタリア・ピサの斜塔を支えている写真も、同じ考え方です。「バカバカしい」と言ってしまうのはもったいない、と私は考えます。人生を豊かにするかどうかは、やはり考え方が大きくものを言うのですから。

明るい人生と暗い人生のどちらを選ぶかは本人の判断です。しかし、明るく考えて明るい人生になるならば、このほうがきっといいはずだと、私は信じます。

77 「老成」という言葉は、人生の邪魔になる

私は、「成熟」という言葉が、あまり好きではありません。国語辞典を見ると、「からだや心が十分に成長すること」とあります。十分に成長するということは、これからはもう成長は要らない、ということです。終わりだということです。「十分に」というところが、私には気に入らないのです。人生に、十分＝完全は求めない、というのが私の生き方の基本ですから。

同じ視点で、「老成」という言葉を国語辞典で見ると、こちらは、「経験を積んで円熟すること」です。円熟も十分も、その内奥《ないおう》するところはだいたい同じです。

成熟も老成も、普通には「立派なこと」として考えられていますが、私がしつこいほどに遠ざけようとするのは、これらの言葉には、「これで、もう何もしなくていい、いまさら好奇心など持ってどうするのだ、新しい知識を得て、それが何の役に立つのだ」という「諦念《ていねん》」のようなものが感じられるからです。「死ぬまで面白く生きてやるぞ」というのが、私の人生のモットーですから、成熟も老成も、私にはかえって「楽しい人生」の邪魔になるのです。

ドイツの偉大な作家、トーマス・マンが、次のような、たいへん興味あることを言っております。

「若さとは、自発性ということだ」

これは、「自発性があれば、若さを失うことはない」とも、解釈できます。そして、先の言葉に絡めて、私流に敷衍《ふえん》すると、「老成とは、若さを避けることだ」となります。私は、若さとは、肉体の若さだけとは限らない、と思っていますから、頭もこころも、若々しくしておくためには、やはり「老成」などという言葉に、うっとりとこころを浸しているわけにはいかないのです。「未成熟な自分」でいいじゃないですか。

ますます高齢化社会が加速する日本では、「楽しい人生」のお手本が、お年寄りに代表されることになるのは明らかです。大量のお年寄りが、楽しい人生と無縁であっては、日本は、これまで何のために頑張ってきたのかと、世界の先進国から、あらたな「笑いもの」(かつて何度かありましたね。エコノミック・アニマルとか、うさぎ小屋とか)としての批判を招くことになりかねません。

現状に満足しきっている人に、あれこれ言うつもりは毛頭ないのですが、「もうやるべきことはやったのだから…」とか、「孫の顔を見ているだけで幸せですから…」などは、こころが老いた証明と考え、もっと自発性を心がけるべきだと、私は本心から思います。

78 感動とは、いっときではあるが幸福の絶頂期

人間は、加齢とともに感動することが減っていく動物です。

赤ちゃんは、毎日が感動の連続です。そのために、毎日がイキイキとしています。成人した大人から見れば、何にでも関心を示し、イキイキと動き回る赤ちゃんほど、愛らしく素晴らしい存在はありません。

十代、二十代の若い人を見てみましょう。電車の中でも、街の中でも、「すげぇー、それって、超感動ものだね」といった声が、よく聞こえてきませんか。彼らにとってみれば、小さな驚きも、立派な感動の対象になるということです。

ところで、いま、この本を手に取られて読んでいるあなたは何歳ですか。いや、これは失礼しました。歳は関係ありませんでした。私の質問はこうです。最近、何かに感動したことはありませんか。ある風景でも、人との会話でも、映画や小説、それに音楽でも、何でも。それでは、感動したならば、感動したときの気分はどうでしたか。楽しかった、嬉しかった、鳥肌が立った、涙が出た。

感動とは、いっときの幸福の絶頂期なのですね。いっときではありますが、この幸福感

は、縮小しつつも、その後も継続して、体験者にはしばらくは「いい気分」をもたらすのです。

「手に汗握る」という言葉があるのはご存じでしょう。ある研究報告によると、手のひらの汗は、五十代で減少し始め、七十代になるとほとんどゼロに近くなるというのです。これは、五十代では感動することが減ってきて、七十代ではほとんど感動しなくなる、という解釈が成り立ちます。

しかし、私に言わせれば、「感動する機会」を失っている、ということではないでしょうか。実際、私は、七十歳を過ぎてからも、感動体験は結構たくさんありました。旅先での感動が多かったのですが、小さな感動なら、人と話をしているときにも、感じたことはありました。美しい夕焼け空、足元に咲く野草の花にも、何がしかの感動は覚えます。

感動する性格に変わりましょう、などと言うつもりはいささかもありません。だいいちそんなことは、簡単にできる相談ではありません。しかし、感動する機会を積極的につくり出して、大きな感動、小さな感動、そんな「こころのときめき」を感じる人であり続けるのは、「楽しい人生」にはとても大切です。

そして、感動の機会を持ったら、今度は感動の扉を開ける勇気を持ちましょう。感動することで、脳の中の活性ホルモンが分泌され、心身ともに健康になることも本当ですから。

79
「ありがとう」を日常生活語にしましょう

長く人生を生きていると、ときどき改めて大事なことに気づくことがあります。私ぐらいの歳になると、何が大事で、何が大事でないかは、おおよそ見当がつくものですが、それでも、「わかっていたつもり」のことが、あまりわかっていなかった、ということに気づいて、ビックリすることがあります。

ごく単純なことに、よくあるようです。単純だから、わかったつもりになってしまっているのです。気がついたときは、「ときすでに遅し」で、反省することしきりなのですが、多くの体験が、かえって邪魔しているような気さえします。

そんな当たり前のことのひとつに、「ありがとう」という言葉があると、私は思います。「ありがとう」とは、人に感謝するときに使う言葉ですが、この「感謝するときだけに使うことば」と理解してしまうことで、不都合が発生するのです。こころから感謝するときだけに、という解釈なら、不都合はもっと大きくなります。

私が申し上げたいことは、「ありがとう」という言葉は、もっとささいなこと、小さな行為に対しても、日常生活語として使っていただきたい、ということです。特段のお礼のためだけに使うのでは、もったいないということです。

人間関係の中で、毎日ある行為・行動の中には、ありがとうと言う機会はたくさんあるはずです。職場なら、部下がコピーをとってきてくれたら「ありがとう」、友人から久しぶりに電話がきたら「ありがとう」、仕事の報告を受けたら「ありがとう」など、いろいろあるはずだと思います。

また家庭なら、妻が美味しい料理をつくってくれたら「ありがとう」、家族の誰かが旅行のおみやげを買ってきたら「ありがとう」、あるいは家族の誕生日や、結婚記念日などにも、「ありがとう」と言う機会はあるはずです。

「ありがとう」という、たった五文字の、これだけの言葉の中に、どれだけその場を和ませる力があるかは、使ってみないとわかりません。私も、ときどき不思議に思うくらいです。「ありがとう」という言葉の持つチカラは、それほどに大きいということでしょう。人間は、いつもこころのなかで、安心できるリラックスした場所を求めているからです。

最後に私自身の、最大級の「ありがとう」の話を付け加えておきます。「一日一回のありがとう」ではありませんが、私たち夫婦の銀婚式の日に、私がカミさんに「表彰状」を贈って、最大限の「ありがとう」の言葉を添えたことです。いまも、いい思い出としてわが家に残っております。三四年前、昭和四七年一〇月二三日のことでした。

80 「他人が知っている自分」の判断も、参考に

「自分のことは自分がいちばんよく知っている」と言う人がいる一方、「町内では、知らぬは自分ばかりなり」と、昔からよく言われる言葉があるのは、ご存じでしょう。どちらが本当か、という質問は、あまり意味をなしません。その人の置かれた立場や状況によって、判断がまるで違ってくるからです。

実は、「本当の自分」を知るというのは、なかなか大変なのです。「本当の自分なんて、そもそもおりません」と言う心理学の先生もいるくらいです。「本当の自分とは、幻想にすぎません」というわけです。

卓見《たっけん》ですね、これは。極めて貴重な意見です。私も、どうかと問われれば、同感です。もっとも、本当の自分の「本当」とは、どんな意味で使われているのかがわからなければ、これもまた、意味をなさない、ということになりましょう。

根本の設定があいまいでは、答えを引き出そうとしても埒《らち》があきません。ですから、ここでは、自分を知る根拠として、「判断力」や「理解力」が、本人にあるかどうかということで、本当の自分を知る手がかりにしたほうが、はるかにわかりやすいと考えます。

人間には、「自分が知っている自分」と、「他人が知っている自分」と、ふたつの自分があると考えましょう。そして、前者を中心にして、ときどきは後者の判断を、大いに参考にすることだと思います。ふたつの判断が一致すれば、そこで初めて「本当の自分」に近づいた、と考えることです。

こうしたプロセスをたどれば、人間関係のトラブルは、かなり少なくなるはずです。一方がもう一方を支配する、ということがなくなるわけですから、自分と相手との行き違いが少なくなる、というわけです。そして、人から誤解を受けやすい人とは、こうした配慮が欠落している人ではないでしょうか。

さらに、誤解を決定的にする要因があります。それは、高圧的な発言をし、支配的な態度をとりたがる人の対応です。本人は、真剣に対応しているつもりでも、相手には正しく伝わりません。正しく伝わらないために、本人はさらに悩みます。悩んでも、本人には誤解の謎が解けません。自分では善かれと思ってしたことが、相手に受け入れられず、誤解だけが残ってしまうようであれば、まずは、自分の発言態度を反省してみることです。一方通行の言い方になっているのは、相手をよく見ていないからです。

「いわれのない誤解」が生じるのは、本人が知らずに高圧的・支配的な発言をくり返していることに起因している、ということを、もっと素直に知るべきなのです。

81 笑うほど、身近にある良薬はありません

人間ある程度歳をとれば、身体のどこかしらに病気の前兆が表れるのは普通のことです。私も、これまで前立腺の手術は二度やっているし、コレステロールや糖尿を抑える薬も毎日飲んでいます。そんな私が、しばしば「ホントにお元気ですね」と言われるのです。

昔から「一病息災《いちびょうそくさい》」という言葉がありますが、私はかねてから「数病息災」をモットーとしています。「多病息災」ならまだいいですが、何と「百病息災」という言葉を、ある本で見つけてビックリしました。この場合の百とは、数えてもしようがないほどたくさんある、ということのようで、書き手の方が皮肉を込めて言ったのだと理解しました。しかし、この方はいたって元気なご様子で、旅行と文筆活動で、自分の人生を大いに楽しんでおられるようです。つまり「無病息災」は幻想だということでしょうか。

しかし、病気となれば薬を飲みます。薬を飲めばそれなりの副作用もあります。そこでいまでは、自然の生薬、あるいはサプリメント（健康補助食品）といった類のものが注目され、ある種のキノコ類やハチミツなどが免疫力の向上に有効だとして、ずいぶんと利用されているようです。すぐ薬に頼るのではない健康づくりとして、これはいい傾向です。

病気になる前に病気を予防するという「予防医学」は、もっともっと普及されるべきだと思います。これらのことを考えたときに、精神科医の私として、ぜひおすすめしたい「クスリ」があるのです。それは「笑薬《しょうやく》」というクスリです。現在アメリカ医学会では、笑うことが医療現場で大いに効果を出しているという素晴らしい報告があります。

笑うことの効用は、日本でもいろいろの実験で証明されています。ここでは細かいデータは控えますが、例えば、血液成分を調べたところ、実験後に免疫力がかなり高まっていることがわかっています。笑えば気分もよくなるし、身体も元気になるというのですから、やはり「笑薬」の力は想像以上のものがあるというわけです。

またこんな驚くべき報告もあります。体内のガン細胞に攻撃をしかけるナチュラル・キラー細胞とは免疫細胞のひとつで、優秀なガン・キラーです。大いに笑うことによって、このナチュラル・キラー細胞が活発になるのです。笑えばガンも防ぐということです。

というわけで、私が日頃口にしている言葉に次のようなものがあります。

「生薬もいいですが、私は笑薬が好きです。お金も一切かかりませんし、副作用もまったくありませんし、しかも、たいへんよく効きます」

82 高齢者のユーモアほど、素敵なことはない

前項の笑いと、本項のユーモアには密接な関係があります。しかし、このふたつには、決定的に違うものがあります。笑いは、言葉に示さないプラス感情の表現ですが、ユーモアは、具体的な言葉にして、相手の笑いを誘ったりしながら、話の展開を面白くし、人間関係をより豊かにする「言葉の技術」です。と同時に「こころの技術」でもあります。「楽しい人生」には欠かせないもののひとつです。

「ユーモアってお世辞や冗談のことでしょう。バカらしくありません？」というきまじめな方もいるようですが、決してそんなことはありません。まずは手始めにこんな話から入りましょう。『一〇〇万人一〇〇歳の長生き上手』という本に紹介された素晴らしいユーモアです。

一〇二歳になる女性のもとに、各テレビ局のスタッフが大勢で取材に訪れ、彼女の自宅前は、人と車が長い列をつくっていました。取材陣のひとりが「こんなに大勢で、ご近所はどう思うでしょうか」と尋ねると、女性は誇《ほこ》らかな笑顔で「きっと私が死んだと思うでしょうね」と言ったのです。一〇二歳にして、このユーモア・センスにはビックリです。

高齢者のユーモアほど、素敵なことはありません。こころにゆとりがなければできないかもしれません。私の母・輝子は、毒舌とユーモアで一生を過ごした人でした。わがままに見えても思いやりを忘れない自由奔放な人でした。悔いのない「楽しい人生」を送った人だと、しみじみ思います。

日本人は、ユーモアとかジョークはもともと不慣れで、欧米人に比べてそれほど言わないということが定番のようになっていますが、落語で聞くユーモアは、実に「言い得て妙」で、さすが落語家は違うな、と思うのは私だけではないでしょう。いつの世も、落語が面白いのは、ユーモアを頻繁に駆使した、巧みな「言葉の技術」が、人のこころを惹きつけて飽きさせないからです。欧米の巧みなユーモアも、落語には一歩譲るかもしれません。

私もまた、講演会などでは必ずユーモアやジョークを言うことにしています。意識的に言わないまでも、長年の習慣で、知らず知らずのうちに出るようです。いつの間にか、集まってきてくれた人に「今日の話は面白かった」と言ってもらいたいというこころの意識が働くためではないでしょうか。

とにかく、ユーモアは毎日の生活に笑いをもたらし、人間関係を豊かにすること間違いなしです。私は、ＩＱ（知能指数）よりＨＱ（ユーモア指数）を大事にしたいと思います。

83 うつやボケは元気な「不良老人」を嫌います

近ごろ、「不良のすすめ」とか、「不良は楽しい」といったようなキャッチを、雑誌や新聞で目にすることがありますが、よく見ると、だいたいは定年退職者やお年寄りに対する生き方の姿勢として、取り上げられているようです。

会社も辞めて、すべては自由気ままになったのだから、古い価値観や周囲のしがらみにとらわれずに、もっと伸び伸びと生きましょう。長年、善良なる市民として生きてきたのだから、これからは少し「わがまま」になって、こころから楽しいと思える人生を送りましょう、というものです。そのためには、「不良」と言われるくらいがちょうどいい、と言うのです。

この考え方には、私は大賛成です。実は私自身、ずっと前から「もっと自分勝手に生きましょう、わがままでいいじゃないですか。ただし、人に迷惑をかけないのが絶対条件です」と、自著などでも公言してきました。「不良指数」という言葉まで自ら発案して、人間関係を壊さない「不良度」を、常にチェックしましょう、というものです。

現在、わが国では六人に一人が六十五歳以上だそうですが、超高齢化社会が現実のものとなった以上、「人に迷惑をかけない不良老人」がどんどん出てくることを期待したいですね。二〇〇五年、文化勲章を受けられた、聖路加病院理事長の日野原重明《ひのはらしげあき》さんは、二〇〇二年度の朝日社会福祉賞の贈呈式の席上で、こう述べられておりました。

「九十歳にならないとわからないことがあり、私が九十歳を超え、新しい発想を得たのが新老人運動です。多くの老人の方々に、輝きを与える運動にしたい…」

こういう新老人のリーダーが、これからの超高齢化社会・日本を住み良い環境にしていくのだと、私は確信します。歳を重ねても「自己責任」で、自らの人生を支えていくことが求められます。

「遊び好きで、少しやんちゃで、恋愛好きで、いい意味での不良性」これから熟年に到達される方々に、ぜひ考えていただきたい「楽しい人生」のキーワードです。

最後に、私が少し前から提唱していることを、言葉にしてみましょう。

＊不良老人が街に溢れたら、きっと街の雰囲気も明るくなります。
＊恋心は新老人に欠かせない特効薬、飲めば必ず若返り輝きます。
＊日焼けした老人、バイクに乗った老人は最高にかっこいい。
＊なぜか、うつやボケは不良老人を嫌うようです。

自分の「不良指数」を常日頃からチェックしてみてください。

84 人生は、好奇心に始まって好奇心に終わる

二〇〇六年は、モーツァルトの生誕二五〇年に当たります。そのために世界中で、記念のコンサートやイベントが開かれているようです。オーストリアのザルツブルクというところで生まれたモーツァルトは、三十五歳という若さで亡くなりましたが、ベートーヴェンなどの、他のどんな作曲家よりも、熱烈なモーツァルト・ファンが、圧倒的に多いのはよく知られたことであります。

私も、モーツァルト解説本の「推薦文」を書いたことがありますので、どうしてこんなにモーツァルトの曲は多くの人を魅了し続けるのか、私なりにわかってはいるつもりです。医者の「癒やし療法」にも活用されているということです。聴いていて、なぜかこころが和むのは本当です。そんなモーツァルトを、五十代の私の友人は、いみじくもこう言ったのです。上手いこと言うなあ、と感心もしました。

「クラシック音楽は、モーツァルトに始まってモーツァルトに終わる」と。

そう言えば、「釣りは、フナに始まってフナに終わる」という言葉もありました。「釣りバカ」には常識の名言だそうです。

第4章
快適人生に必要な25の言葉

そこで、これらのふたつの言葉になぞらえて、私は次のように言いたいと思います。

「人生は、好奇心に始まって好奇心に終わる」と。

人生を面白くするか、つまらなくしてしまうか、それは、時代のせいでも国のせいでも、また他人のせいでもありません。自分のこころの持ち方ひとつで、どちらにも変わってしまうということです。ですから、自分の不幸を誰かのせいにしたがる人は、生涯、こころから納得できる幸せは得られないでしょう。

生涯にわたって幸せを感じるこころの持ち方とは何か、を考えてみたとき、私のこころに浮かぶ言葉は、やはり「好奇心」の一語です。すでに第74項で、おおまかに触れましたが、ここでもう一度強調しておきたいと思います。

好奇心をひとつのキッカケにして、何でもプラス方向に、目を向けることを教えてくれた最初の人は、母・輝子でした。父・茂吉もまた、同じく、超のつくくらいの好奇心の持ち主でしたから、こと好奇心にかけては、私は生まれながらにして、恵まれていたということになるわけです。「好奇心のかたまり」という、人間としての品格を感じさせないような言葉もありますが、それは好奇心そのものにあるのではなく、その人間の問題です。

私が、あえて好奇心とモーツァルトを同じ舞台に乗せたのは、極めたい最高の対象として、同列に考えてみたいと思ったからです。

85 親しい間柄の人ほど、きちんと距離をおくこと

気心の知れあった同僚が、会社にひとりやふたりいるというのが、普通のサラリーマンの、職場での生活スタイルでしょう。仕事やプライベートな問題でも、気安く話ができるというのは、とても大事なことです。

そうした親しい関係ならば、多少の甘えは許されると思うかもしれませんが、成熟した大人社会では、親子のような甘えは通用しないと考えるべきです。会社というところは、基本的には競争社会の現場です。ですから、そこには眼には見えない人間関係の「暗黙の了解」が、時代を超えて存在していると言ってもいいかもしれません。

少し大げさかもしれませんが、私がここで言う暗黙の了解とは、「親しき仲にも礼儀あり」という、あの誰もが知っている、昔から引き継がれてきた言葉に相通じるメッセージです。すなわち、私が考えたのは次の言葉です。

「親しい関係の相手ほど、普段から適切な距離を置いて、自分を大切にするのと同じ感情で、相手の感情も大切に扱ってください」

親しい相手というのは、何かにつけ頼りになる人なので、とても貴重な存在です。不用

意な言葉によって、信頼関係にヒビが入ってはいけません。

自分にも、人間としての「感情」があるように、親しい間柄のその人にも、その人なりの感情が、しっかりと備わっているということを忘れないことです。何でも言い合える、親しい間柄ということで、ついついべっとりと付きまとってしまったり、感情にまかせて思わぬ暴言を吐いたりしてしまう、このことが距離を保てなかったことの証明なのです。

ここでちょっと、人の感情ということについて、簡単な整理をしておきましょう。EQという言葉が、少し前メディアを賑わしましたが、これはIQ（知能指数）に比してよく使われる言葉で、日本語では「感情指数」と訳されています。そして、私もまた、精神科医としてEQに注目しています。とりわけ次の五つのEQは、バランスの取れた人間関係を維持するためにも、大いに考えていただきたいと思っています。この項の最後に、私が注目しているEQを紹介しておきます。

①自己の気持ちを自覚し、納得できる決断を下す能力
②衝動をコントロールする能力
③挫折時、楽観を捨てず、自己を励ます能力
④他人の気持ちを思いやる能力
⑤人間関係を良好に保つ能力

86 おしゃれ上手は楽しく生きる「脳力」を育てます

毎日の生活に、「適度な緊張とリラックス」が、交互に維持できれば、退屈な人生とは無縁になるでしょう。やることなすことすべてが面白くなって、人生がイキイキとしてきます。世の中には、こういう人が少なからずいるものです。ですから、人にも好かれるので、友だちもたくさんできます。私が見る限り、「ネアカ」な人に多いようです。

しかし、どんな人にも簡単にできる「イキイキ術」があるのです。それは、「おしゃれをする」ことです。毎日着る服装に、ちょっとした気配りを心がけるだけでいいのです。効果は、想像以上に絶大です。私自身で、実証済みですから。

おしゃれは、単調な日々の生活を活性化する、とっておきの工夫のひとつです。簡単で、しかも効果のある、誰にでもすぐにできることです。「たかが服装」と言うなかれです。「されど服装」と、私は、声を大にして言いたいですね。

ここで、私自身の「おしゃれ体験」について、少し話をしてみたいと思います。またしても船旅の体験で恐縮ですが、船旅でのおしゃれは、長い人生の象徴のような感がありますので、説明のし甲斐があると思っています。

第4章
快適人生に必要な25の言葉

世界一周のような長い船旅の場合、単調な日々を排除するために、食事をはじめ、いろいろな工夫が凝らされています。おしゃれは、その中の最重要項目のひとつです。カジュアルの日、フォーマルの日、仮装の日、といろいろあります。船客は、その日の決まりに応じて、レストランなどに赴《おもむ》くのです。

男も女も、思い思いの服装で一堂に集まりますから、少なくてもこのときばかりは、こころが晴れ晴れとして、いまこの瞬間を楽しむ気持ちでいっぱいです。別の船旅のときなどは、これらの盛装《せいそう》の日を、予定の回数より減らしたところ、ちょっとしたブーイングがあったことさえありました。

船旅でのおしゃれを体験する人は、ごく少数に限られます。もちろん私は、船旅をすすめるために、私の体験を話したわけではありません。世界一周のような長い船旅は、安全航海だけの何もなかった船旅なら、少しも楽しくありません。楽しくいい人生を語る場合も、この船旅の教訓は大いに役立つと考えたからです。そう思って、私は船旅でのおしゃれの話をしました。

世界一周の船旅といっても、長くてせいぜい三カ月です。人生は、もっともっと、遥かに長い旅です。その長い人生に「適度な緊張とリラックス」を演出する方法として、私が、おしゃれをおすすめする理由は、これでご理解いただけたと思います。

87

愛は、急には育たない

恋愛は、小説や映画のテーマの重要なキーワードです。ヒット作は、恋愛がベースになっているものが多いのではないでしょうか。人間社会は、男と女で構成されているのですから、恋愛がいつの世も人々の関心を集めるのは当然です。

私は、恋愛作法を教授する資格は、あいにく持ち合わせておりませんが、恋愛も含めた愛情関係なら、精神科医という仕事上、欠かせないテーマにもなっています。ですから、ここでは、男女のつき合い、夫婦のつき合いについて、「楽しい人生」とどう係わり合うかを、考えてみたいと思います。

恋人同士には恋愛感情が必須条件です。お互いが「愛している」という感情がなければ、恋人とは呼べないでしょう。新婚夫婦にも、恋愛感情はまだ継続中でしょう。そして、言うまでもないことですが、これらの恋愛感情の具体的な表現がセックスです。セックスは、男女の関係を安定させるためにも、極めて重要な行為なのです。

しかし、ここで、多くの人に、勘違いが起こります。愛情があるから、二人の関係は盤《ばん》石《じゃく》だ、とつい錯覚してしまうことです。恋人同士の恋愛は、「恋は盲目」などと言われるように、相手の短所や欠点まではよく見えない状態なのです。ある意味で、とても幸せなことかもしれませんが、いつかは必ず目が覚めるのです。目が覚めて、なお別の愛情が継続すれば結構なのですが、いちばんの問題は、結婚したあとに気づく場合です。
「こんなはずではなかったのに…」と、お互いが相手を責め合うようになったら、二人の関係は台無しになり、破局は目の前に迫っていることになります。ここで私は、結婚して破局に至らないための、ひとつの共通項に触れたいと思います。

結婚を二人の愛情のゴールと思ってはいないでしょうか。結婚は、愛し合う二人にとって、ゴールではなくスタートだということです。スタートとは、一旦白紙に戻して、そこからお互いが確認しあった目的に向かって、少しずつ、ゆっくりと時間をかけて、進むべき姿勢です。

私は、恋愛中が、どんなに上手くいっていたとしても、結婚を機に、また再び初めからやり直すという気構えが大事だと考えます。二人の愛情もまた、少しずつ積み上げていく、そういう姿勢を取るべきだと思います。そして、これがもっとも確かな、恋愛から結婚へのプロセスだと信じます。「結婚は間違いでした」と、私のところに相談に訪れる方々からの話を聞いても、強くそう感じます。

多少のトラブルでは決して崩れない、そんな本物の愛を目指したいものです。

88 子育てのコツは、野生動物に学びます

「子育ては大変だ」という最近の風潮を考えると、いくつかの疑問点が浮かびます。

まず、子育てにはしっかりとした正しいやり方がある、と思い違いをしているのではないか、ということです。そのために、ちょっとしたミスでも、自分のやり方は間違っているのではないか、と考えてしまい、何度かくり返すうちに自信をなくしてしまうのです。

次に、現在子育て中の親が、彼らの親から、子育ての何たるかを教えてもらっていないため、大いに戸惑ってしまう、ということです。彼らの親とは、団塊の世代を中心とした年齢層で、家庭を顧みず仕事にのめり込んでいた人たちです。核家族という生活スタイルが、これに輪をかけています。

第三に、いまの日本では、「成果主義」が人物評価の基準になっています。そのために、親はわが子を、成果主義の社会システムから脱落しないよう、「ガンバレ、もっとガンバレ！」と後押しします。「一流」とか「成績上位」、あるいは「成功」とか「金持ち」などの言葉が、成果主義を代表していると思います。いまでも、健在であることは確かです。

こういう社会の中では、確かに、子育ては大変になってしまうはずです。合わせようと

すればするほど、大変さはますます広がってしまうでしょう。

しかし、大事な原点を見失ってはいないだろうか、というのが私の偽らざる印象です。子育てにあてはめれば、「鋳型《いがた》にはめた子育て」になってしまいます。上手に鋳型にはまって成長した子どもでも、いずれは、何かがオカシイことに気づくはずです。子どもを鋳型にはめた親は、過剰な期待と過保護によって、本当の親子の絆を見いだせないまま、子どもの成長を見守り続けることになります。

そこで、私は、子育ての原点を見つめ直すことを提案しているのです。原点の目的は、「自立」です。そのために、しばしば野生動物の子育てを参考例として紹介します。母校の小学校のシンポジウムで、こんなことを話したことがあります。

「元はと言えば人間も動物です。子育ての原点は、厳しい世の中に出て、強く生きていける子どもに育てることであり、野生動物は、それを本能でやっているが、人間は感情で育てていきます。そのために弱い子どもになってしまうのではないでしょうか」

キタキツネは、ある時期に親が、子どもを強引に巣から追い出します。アホウドリは、まだ飛べない子どもを置いて、親は遠くへ立ち去ります。強い子を残すための、野生動物のたくましい子育てです。私は、これが子育ての原点だと思います。

子どもの成長は親が支援するもの。支援のしかたが親のエゴであっては困ります。

89 感情的に子どもを叱るのには、意味がある

ハナから過激なことを言うつもりはないのですが、

「小学生くらいまでの子どもと親が、ともに本心をさらけ出して、口ゲンカをしている限り、子どもはまともに育つので、心配はいりません」

ということです。親が感情的に子どもを叱るのは、それなりの意味があります。毎日では困りますが、私は、月に数回程度は、むしろ必要だと思っています。親が感情を前面に出して子どもを叱れば、子どもも反論してきます。

頭ごなしの叱り方はいけませんが、親子が感情をぶつけ合うのは、子どもが人間の本質を知る意味で、重要です。愛情があればこその叱り方ですね。子育てを終えた友人の話ですが、彼はわが子を叱ったあとに、よくこう言ったそうです。

「きみがお父さんの子でなかったら、こんな叱り方は絶対にしない」と。上手な言い方だと思います。もっとも彼は、上手に言いたかった訳ではなく、愛情から言ったのですが。

親が子どもを叱るときの理由のひとつに、「ルール違反」があります。それぞれの家庭環境に応じたさまざまなルールがあるはずです。勉強のこと、お稽古事のこと、言い方の

こと、門限のことなど。そこで私は、ルール違反をした子どもに、親がこんな罰則をすることをおすすめします。それはサッカー試合の罰則である、イエローカードとレッドカードを採用するということです。違反の程度に応じて、どちらを使うかは、親の判断です。

そして、カードはその都度子どもに渡します。サッカーの罰則法を取り入れるわけですから、イエローカード二枚でレッドカード一枚になり、たとえば一カ月でレッドカードが三枚になったら、そこで具体的な罰則を課すのです。お母さんは、「三枚たまったら、お父さんにお説教をしてもらいますからね」とあらかじめ言っておきます。

具体的な罰則に、たとえば小遣いを減らすという方法があります。減らすといっても大幅に減らすのは逆効果にもなりますので、せいぜい最大で二〇パーセントぐらいを減らすのです。子どもは子どもなりの使い道を考えているのですから。

そして、ここにも母親と父親の役割を考えておきましょう。ルール違反の審判者は母親がいいでしょう。そして罰を課すのは父親です。「怖いお父さん」の存在を、子どもに認識させるのです。父親は、「冷静で、同時に公正に判断する存在」でなければいけません。このことは、第42項でも触れた「父性の復権」にも係わります。

こうして、子どもはルール違反を通じて、「社会のルール」を学ぶことになるはずです。

90

空気のような関係の夫婦なんて、ゴメンです

「ごほうび」とは、通例、人さまに差し上げるものです。しかし、私がここで問題にするごほうびとは、「自分自身にあげるごほうび」です。こう申し上げて、奇異に感じる方がいるのは、ごもっともなことですが、不思議と感じるぶんだけ、「したことがありません」ということでしょうから、まずは私の話を、とくとお聞き遊ばされることを、お願いいたします。

と、何やらいわくありげなことを言いましたが、要は、「自分の記念日」を勝手につくって、その度ごとに、ごほうびをあげるという、極めて自分に都合のいいお話なのです。自分だけとは限りません。「自分たち」でもいいのです。自分たちとは、夫婦のことです。

ここでは、自分より自分たちに重きを置いて、話をすすめてまいります。

私は、「空気のようになって、初めて夫婦の味がわかる」とか、「黙っていても夫（妻）のことがよくわかる」という、そんな夫婦は「ゴメンです」と申し上げたいですね。善きにつけ悪しきにつけ、刺激し合ってこそ良き夫婦であり、そのためにも、刺激体験をどんどん増やしていくことをおすすめしたいと思います。

具体的な話に入りましょう。ごほうびを差し上げる記念日とは、子育てを滞りなく終えた日、子どもを社会に送り出した日、定年退職の日、そして、銀婚式や金婚式の日などが、メインとなる記念日です。これらの日をヒントに、少なくとも年に一回は記念日をつくって、その記念日の内容に合わせた記念の品を、自分たちが自分たちに差し上げるのです。

ごほうびの品は、物とは限りません。私なら、海外旅行が最高で、納得の相場だと考えますが、いろいろと工夫を凝らして、とにかく楽しくにぎやかにすることです。そうした楽しみのために、夫も妻も、日頃はほどほど以上に頑張るものです。毎日に張り合いが出るのですから、これは本当に楽しいです。

人間は楽しいことが待っていれば、ストレスやうつも消し飛ぶものです。私の知っている範囲では、オーストラリアに二年間もの長期滞在をごほうびにしたというお年寄り夫婦や、カナダの山岳地帯を、オートバイ二台で、お年寄りご夫婦が旅をしているという場面に出会ったことがありました。実に、夫婦でなくてはできない素晴らしいごほうびでした。

無類の旅好きの私なので、旅の話ばかりで恐縮ですが、ごほうびは夫婦の趣味に合わせるのがいいと思います。そして、こうした体験を積み重ねることによって、夫婦であることの真の喜びがわかってくる、というものではないでしょうか。

91 いま味わえる「小さな喜び」を大事にしよう

長い人生に、喜びと悲しみを体験しない人はひとりとしていません。同時に、体験する喜びや悲しみには、大きかったもの、ささやかだったもの、いろいろあるのも、これまた万人共通です。

こう考えたうえで、少しかしこまって言えば、「人生とは喜びと悲しみの連続である」ということになります。そして、連続して生まれてくる喜びや悲しみと、どう向き合うか、ということが、次の課題です。このことはまた、「楽しい人生」を決めるポイントになると、私は考えております。

私たちは、過ぎ去ってしまったことより、これからを大切に考える「良識」を持っています。誰もが認める正しい考え方です。多くの人は、この考え方に基づいて、過去の悲しみを乗り越えて、明日を信じ、力強く生きていこうと、わが身に言い聞かせるのです。

しかし、これがいちばん正しい考え方だと、本心から思っていても、毎日が何となくギクシャクとして、不安がつきまとっていると感じてしまうのはなぜでしょうか。そのために、こころが晴れ晴れとしないまま、毎日がうっとうしくてたまらない、という人がたくさんいるのではないでしょうか。

私は、こうした不安をなくすのに、もっともよい方法を体験上知っております。それは、こころに不安を抱く多くの人が、大きな喜びを意識しすぎて、小さな喜びに満足しないためにに起こる、こころの葛藤を無くすことです。結論は簡単明瞭です。日々のささやかな小さな喜びにもっと眼を向けて、その小さな喜びを、かけがえのないものとして大事にするのです。こういう考え方が定着すれば、こころのモヤモヤは徐々に消え去っていきます。

大きい喜びはたまにしかやってきません。同時に、大きな悲しみもたまにしかやってきません。しかし、小さな喜びはしばしばやってきます。大事に思えば、毎日やってくるかもしれません。また、小さな悲しみも、しばしばやってきます。

ここで、判断の分かれ目になるポイントを紹介します。小さな喜びは大事にし、小さな悲しみは早く忘れ去るということです。

「目先のことにこだわってはいけない、もっと長期的な視点に立って、ものごとを視るべきだ」という言い方は、ここには当てはまりません。目先が大事なのです。いま目の前で起きている小さな喜びを大切に思い、それを少しずつ積み重ねていくのです。そして、そういう習慣を身につけることです。自分の「幸せ感覚」に合ったリズムで日々を過ごせれば、それはもうかけがえのない幸せではないでしょうか。

92

「地震、雷、火事、親父」に一縷の望みを託す

いまでは使われなくなってしまった言葉に、「地震、雷、火事、親父」というのがあります。怖いものを、順に四つ並べた、かつては天下に鳴り響いた言葉でした。使われなくなったのは、四つ目の親父の一語に問題があり、現実との差違があまりにも大きく開きすぎたからでありますが、この言葉の意味するところは、なかなかに貴重なものだと、私は、これを初めて言った人をほめてあげたいくらいです。

もちろん親父が、この世から消えてなくなったわけではないのに、どうしてこんなにも親父の権威が失墜してしまったのでしょうか。確かに現代は、さまざまな問題が絡み合って、明快な答えを引き出すのはなかなか困難です。

とにかく親父が、子どもと向き合う時間が極端に薄れ、代わりに、母親が家族の大半を仕切らざるを得ないことになって、親父は出番がなくなってしまったのですから、当然の結果です。時代の流れが、親父の権威を消し去ってしまったのです。いまさら元に戻すことは、至難の技なのです。

子どもを叱ることが減った親父は、同時に叱り方も地に落ちたので、当然のこと、怖い

存在ではなくなったのです。その結果、親父は子どもに無視されることさえ出てきたのです。こうなっては、もう親父の出る幕がありません。「地震、雷、火事、親父」が死語と化したわけです。

しかし、私は一縷《いちる》の望みを託したいのです。そして、その方法をこれから説明しようというわけです。それは、基本は母親も同じなのですが、親父の権威が失墜してしまった以上、親父はとくに肝に銘じて取り組んでいただきたいのです。

それは、このようなことです。いたって単純なことなのです。

「父親は、子どもをほめるときは、嬉しさや喜びの感情を前面に出してください。そして、叱るときは、感情を抑えてできるだけ理性的に、自分の経験などを話しながらしてください」

「感情教育」は他項でも触れましたが、父親が母親と違うところは、父親が社会を代弁する存在だということです。ですから、父親はこのことを、しっかりとこころに据えて、落ち着いて理性的に子どもを叱ってほしいのです。

叱ることとほめることは、コインの裏表のような関係ですから、バランスが大事です。叱ったあとは、ほめることにも心がけてください。叱りっぱなしは、やはりよろしくありません。いつも人間として子どもを見る目を忘れてはいけないということです。

93 健康の秘訣とは、病気体験を活かすことです

「無病息災」と「数病息災」。このふたつの言葉を、いまも地で行っているのが、実は、私自身です。私は、「男の厄年」と言われる四十二歳のときに、過労で倒れました。働きずくめの重労働がたたったのが、主な原因でした。

それまでは、文字通りの無病息災でした。顔は面長、身体は長身・ほっそりで、周りの人は、そんな私を、当時のアメリカの人気俳優、アンソニー・パーキンスそっくりだと囃《はや》したてていたくらいでした。そのころの写真を見ると、確かに、いまでは想像もできないくらいスマートでした。

過労で倒れたあとは、今度は「数病息災」の人生です。コレステロール値と中性脂肪値の高い私の最大の病気は、前立腺肥大です。東京の聖路加国際病院では二回も手術を受け、以来、この病気とはすっかり親しいつき合いとなってしまったのです。ガンに至らなかったのが幸いでしたが、いまでも予防薬は欠かせません。

いつまでも健康でいたい、という思いは、誰もが願うことですが、実際六十歳当たりを過ぎて、一〇〇パーセント健康だという人は少ないのではないでしょうか。七十を過ぎれ

ば、身体のどこかしらに、病気の徴候がひとつやふたつ出るのは普通です。そして、八十も過ぎれば、もう病気を持たない人はいないのではないでしょうか。生命体の宿命と言っていいでしょう。

大事なのは、病気に対する考え方です。「病気など気にするな」とは、確かに乱暴ですが、医者から病気を宣告されても、慌てないことは大事です。現代の医療技術をもってすれば、そうやすやすと、死に至ることはないのです。ガンや糖尿病など、怖い病気はありますが、これらの病気を克服して、前よりも元気になったという人を、私はたくさん知っています。どんな病気も、ならないに越したことはありませんが、こんなに高齢者の多くなった現代では、むしろ「数病息災」の気持ちがずっと大切で、自らの病気体験を活かすことを心がけてほしいのです。

病気体験を活かせる人は、健康のありがたみをよく知っていますから、いま生きていることに積極的です。楽しく生きよう、クヨクヨしないようにしよう、人間関係を大事にしよう、と考えるようになります。少なくとも、私自身は、ある時期を境に、強く意識するようになりました。

最後に、人様の名言をお借りします。ロシアの文豪、トルストイの言葉です。

「病気をしたことのない人とはつき合うなかれ」

94 ひとりのときでも、ベスト・ドレッサーを目指す

七、八年前のことですが、私は、自分の本の中で、「七十歳を過ぎたらベスト・ドレッサーを目指しましょう」という原稿を書いたことがありました。とくに男性に限るようですが、七十を過ぎれば、かなり多くの人が、仕事を持たず、自宅で生活する「隠居派人間」になるのが普通です。

隠居派人間になれば、人間関係は急激に少なくなります。人前に出ることが少なくなる、ということです。人に会わなければ、身だしなみに気を使うことも少なくなります。こうなると、毎日同じ服を着続け、髭なども剃らず、家族から「だらしない格好」と言われることが当たり前のようになってきます。その結果、一気に「老け込む」のです。こうした、だらしない格好は、男性に顕著に現れますが、女性には少ないようです。見た目の美しさは、女性にとっては、生涯を通じて大切だということを、よく知っているからだと思います。問題の多くは男性諸氏にあります。七十歳、隠居派人間、だらしない格好、老け込む……とくれば、こうした生活スタイルから抜け出すことが大事です。これからの人生に大きく係わるからです。

そこで私の提案です。「老け込みましたね」と、絶対言わせない、もっとも簡単な方法、それが「おしゃれをする」ということなのです。おしゃれについては第86項でも触れましたが、ここでは別の視点から考えてみます。人前に出るときは当然ですが、私はむしろ、人前に出るときよりも、ひとりでいるときにこそ、この、おしゃれの効果は大きい、と考えるのです。私自身がその何よりの証明です。

私は、七十歳前後のころ、夏になるとよくハワイのTシャツを着ていました。そして、真っ赤なハイビスカスに彩られたTシャツを着ていると、自分がハワイにいるような、リラックスした気分になるのです。

また、英国のスーツを着て、コンサートや美術館に出かけると、パリッとした雰囲気になり、身が引き締まって、とても気分がいいのです。いっときとはいえ、若さを取り戻したような豊かな気分になるのです。この習慣は、いまもそれほど変わりません。むしろ、年をとればとるほど、おしゃれの効果は大きいと実感します。

「ベスト・ドレッサーを目指す」ということは、こういうことなのです。

おしゃれをする、ということは、人に見せて好印象を持たれるためだけではありません。おしゃれをして、その結果、気分のよくなった自分に気づけば、毎日が楽しくなるのです。だから、ひとりのときこそ、おしゃれをしてほしいのです。面倒がってはいけませんね。

95 腹が立ったら、相手の立場に立ったつもりになる

「腹が立つ」ことは、誰にもあることです。腹が立てば、気持ちがイライラし、さらにムカツイて、ついにはキレることがあるのは、もはや説明するまでもないでしょう。私が考えるに、大事なのは、腹が立つことをなくそうとするのではなく、腹が立ったら、どの時点で「丸く治める」かということです。

腹が立って、そのままイライラした気分を放っておけば、最後にキレた結果、とんでもない暴言や暴力にまで発展することが、よくあるからです。世間ではよく、「あんなに優しい人が、どうしたんでしょうか」とか、「あんなことをやる人ではない、と思ってましたが」など、よく聞く言葉です。

人間関係を大事にするのは、人間でいることの最重要課題です。誰もひとりで、面白く、楽しく、豊かに生きていくことはできません。いっときの感情の爆発で、これまで上手くいっていた関係を壊してしまって、いいことは何もありません。

人の感情は、そのときの気分や、置かれた状況によって違うものです。どんなに穏和な性格の人でも、相手の言動次第で、腹が立つことは避けられないのです。

私は、多くの人間関係において、理屈より感情を大切にしたい、と考えております。それは人間を大事に思いたいからです。感情を抜きにした「正しい理屈」は、人間関係においては通らないと考えております。

ですから、腹が立つという感情も、「いけません」ではなく、その感情を認めたうえで、過度に走らないことを考えるのが、いい人間関係を保つコツだと思うのです。

そこでいよいよ、腹が立ったときの「イライラするこころの治め方」をご紹介したいと思います。できるかできないかは、本人次第です。なぜなら、腹が立った相手との、これからの関係などが絡んできますから、「丸く治めたい」という、強い気持ちが必要だからです。有り体に申せば、冷静になる、ということです。

私がすすめるのは、次のようなことです。「こころにムッときたら、相手の立場に立ったつもりで、相手の言動を考えてみることです」。

言うまでもないことでしょうが、私がここで言いたいのは、どちらが正しいかということではなく、腹が立った自分の、イライラしたこころを静める、ということです。腹が立てば、議論の応酬も出てくるでしょうから、それは、まずこころを静めてからやってください、ということです。

小さなことで腹が立つことから、予行演習されることをおすすめします。

96 大きな逆境は、小さな順境で乗り越えましょう

あなたにとって、逆境とは何ですか。そんなときがありましたか。それともいまが逆境のときですか。あるいは、これから先に逆境が待っている、と想定しますか。

借金という逆境についてては、私自身に実際あった問題として、第34項で触れましたが、ここでは別の角度から、「苦しい瀬戸際に立たされたさまざまなとき」という設定で、人生のこの難問に向き合ってみたいと思います。

逆境の反対は順境です。順境は楽しいときです。楽しいときですが、人生のすべてが楽しいとは限りません。楽しいことを数えてみたら、五つあったが、苦しいことも四つあった。いまは楽しいことが優位に立っている、それだけのことです。

また、逆境に苦しんでいる、という人にも、楽しいときはあるはずです。逆境が大きく優位に立っているので、順境が見えないのです。会社が倒産してしまって職場を失った、これから先どうしたらいいか、と悩んでいるときは逆境です。しかし、そのとき子どもが、希望の学校に合格した、というのは順境です。

私が、ふたつの「人生のとき」を説明したのは、「人生とは、逆境と順境をくり返すもの、

あるいはこれらの合体」だということを、申し上げたかったからです。

順境だけで一生を通せる人はいません。同時に、逆境だけで一生を通す人もおりません。苦しいときが誰にでもあるように、楽しいときもまた、誰にでもあるものです。そこには、受け取り方の差があるだけです。

しかし、人は誰でも、逆境に立たされれば、苦しむのは当然です。逆境に立たされた原因は、人さまざまでしょう。逆境をそのまま放っておくわけにはいきませんから、何らかの手だてが必要です。個々の具体的な処理法は、他の専門家にまかせるとして、苦しい心境をいかに取り除くかの、「こころの処方箋」を示すのが、私の役目であることは承知しております。

私のメッセージは、こうです。

「大きな逆境は、小さな順境で乗り越えましょう。そして、逆境だけが、人生のチャンスをつかむ好機と考えましょう」

シンプルです。シンプルですが多少の勇気が要ります。こころの励みになる小さな順境（幸せと感じるものすべて）を大切にし、慌てずゆっくりとでいいですから、専門家の意見などを聞きながら、着実にすすめていくことです。

人生は、そのときだけのひとコマで考えないことですね。

97 楽しい人生とは、「小さな夢」を持ち続けること

「一攫千金の夢」とか、「世界制覇の夢」とか、そんな、桁外れの夢を語るつもりは、私には毛頭ありません。「ジャンボ宝くじ」を否定はしませんが、とくにおすすめはしません。すべてのアスリートたちに、世界一を目指せ、とも、私は言い出し兼ねます。

「夢は、夢で終わっていい」と、しばしば聞かれます。これには、私も賛成です。人は誰でも、夢があるときには、いい気分になれるものです。もちろん、ここで言う夢とは、夜寝ているときに見る夢のことではありません。「夢を見る」のではなく、「夢を持つ」、こちらの夢です。ですから、「夢も希望も無い人生」では困ります。

幼い子どもたちに、「将来、何になりたいですか?」と聞くと、「ボクの夢はサッカーの選手になることです」とか、「わたしの夢は看護師さんになることです」というような答えがよく返ってきます。

こうした夢を持つことは、子どもたちをイキイキとさせるし、また、聞いているほうも、「がんばってネ」と、つい励ましたくもなります。そして、どちらも、いい気分になるのです。たとえ、大人になって、夢が実現しなかったとしても、夢を持つということは、「楽

しい人生」をわが身に引き寄せる、大きな動機になると、私は自分の半生を振り返りながら、強く感じたりもします。

しかし、私がここで言いたい夢とは、「見果てぬ夢」ではなく、自分に引き寄せて、毎日の生活の中で楽しむ「小さな夢」のことです。「壮大な夢」ではありません。ですから、子どもの夢というより、成人した大人の夢です。大人の夢ですから、「夢想」ではなく「現実」のものでなければなりません。

私は、こうした、夢の実現を許るために、三つの条件を付けて考えることにしています。それが、「遊びごころの三つの条件」です。この三つの条件が、小さな夢に直結するからです。それでは、その三つの条件をあげます。

①やること為すこと、すべてが自由に行わなければならない、ということ。
②会社や仕事、家庭の束縛から離れて、非日常的でなければならない、ということ。
③お金はもちろんのこと、あらゆる利益にむすびつかない、ということ。

つらつら思うに、夢とは遊びなのですね。遊びだから、夢を持つことが楽しい、ということになるのです。夢は、大きかろうが小さかろうが、すべてプラス志向で前向きにできています。「大きな夢は子どもに」、「小さな夢は大人に」を基本に、死ぬまで夢を持ち続けることをおすすめいたします。

98 文学、映画、音楽が、生きている喜びを掘り起こします

「楽しい人生」を考えるに当たって、文学や芸術がどう係わるかを、私なりに考えてみたいと思います。ここでは、文学も芸術も趣味の一環です。楽しい体験がなければ意味がありません。この本はそういう設定で書かれております。

私の周りには、俳句や短歌を「こころの励み」にしている方がたくさんいます。多忙な毎日を過ごしていると、ちょっとした感動も忘れがちになりますから、俳句や短歌をたしなむことによって、いつでも感動を呼び起こすキッカケをつくっておくことは、たいへん大事なことです。

また、定年後に好きな本を読みたい、ということで、現役時代に、大量の文庫本を買い集めた人がいます。本人の好みで、多くは絶版になった名作や古典で、その数は二千冊を超えると言います。週末に、神田の古本屋街を歩いて集めたもののなかには、戦前の岩波文庫や布製ハードカバーの改造文庫も含まれているとのこと。その岩波文庫の帯に、「慰問袋に岩波文庫を！」と書かれてあったのを見て、「なるほど、戦時中か」と、深く納得したそうです。

さらに、こんな人もいます。若いときから映画は欠かせない趣味とのことで、テレビで放映している名作映画を、丹念にビデオにとっているのです。若い頃見た外国映画の名作の数々や、黒澤明、小津安二郎、溝口健二、成瀬巳喜男《なるせみきお》、木下恵介などの傑作が、ほとんどあるらしい。週末には、ホームシアターで見るのが、とても楽しみとのことです。最近、クラシック音楽のファンが多くなったのは、たぶん高齢化社会と、大いに関係しているような気がします。コンサート会場に行くと、確かに男も女も、熟年世代が多いように見受けられますね。

いまは、新譜として発売しなくなったレコードを買い集めている知人もおります。CDで聞く音より、レコードの音のほうが、深味があっていい、とも言ってました。

「感動の扉を開く」ことは、楽しい人生にとってなくてはならないものです。その感動の扉を文学、映画、音楽、いずれの芸術で開いてみるかは、本人の好みしだいです。これらのうちのひとつだけでもいいのですが、できれば、複数あったほうがいいですね。もっとも、こうした趣味に関心のある人は、必ずといっていいほど、併せ持っているようですが。

知的な趣味によって味わう感動は、さらに「感懐《かんかい》」「感慨」という境地に達します。深くこころに沁《し》み入る感覚は、人間であることの喜びを掘り起こします。

避けるに避けられない雑事や苦労も、感動の前には、小さな邪魔物にしかすぎません。

99 過去の自慢話をしたがる人には、苦労の人生が待っています

この本では、過去にこだわらない生き方を貫き通し、「楽しい人生」を生き抜いた人物の例として、母・輝子の話をしましたが、私は、どんなときも、過去にこだわってはいけない、と言っているわけではありません。

いまでは遠い過去の思い出になってしまったことが、思い出すことによって、「生きる励み」になることもあるからです。現在、何かで苦しい思いをしているときに、かつて頑張って危機を乗り越えた自分を思い起こし、そのとき自分を支えた勇気を再び取り戻して、現在の難局を乗り切る、ということは、よくあることだからです。

だから、「過去を一切顧みないことは、素晴らしいことなんだ」と、ほめられるわけではないのです。過去にこだわることが嫌いな人でも、確かないまの自分をつくり上げているのは、過去からずっとひとつながりに続いている、体験の集積なのだ、というくらいは知っておくべきです。

ここまで書いてきて、ふと、思い出した言葉があります。

「歴史とは思い出である」

こう言ったのは、確か、わが国の文芸評論を代表する小林秀雄という人だったと思います。私なんかは「思い出は国を創り、人を創る」というふうに解釈してしまいますね。過去とは思い出であるわけですから、ときどきは思い出して、これからの人生の励みにしたらよいと思います。

しかし、折りあらば、過去の自慢話をしたがる人には、ちょっと文句を言っておきたいですね。確かに、いちばん手っとり早い「自己表現法」として、過去の体験のいいところだけを話すというのは、人の気持ちとしてよくわかるのですが、聞いているほうはたまったものではありません。

自分を誇りたいという気持ちが強い人によくあることなのですが、こういう人は、いまの自分と過去の自分の落差に、ある種のあせりや失望があるからではないでしょうか。かつての華やかだった栄光の自分をひけらかすことで、いまの自分のやりきれない感情や悲惨な心境を隠そうとしているのではないか、とも受け取れます。

こうなると、これからが大変です。このままこの「悪いクセ」が続けば、悲惨な自分がこれからも続くということになるからです。過去のいい思い出も、自分の胸の内に留めているあいだはいいのですが、やたらと人の前で誇示するのは、やはり考えものです。「楽しい人生」への道を、自分で勝手に壊しているようなことがあってはいけません。

100 自分だけの「魔法の言葉」を持ちましょう

言葉のチカラは絶大である、とは、近ごろよく言われることです。私もこの本で、言葉の持つ重要性に何度か触れましたが、ここでは、もっとダイレクトに言葉の持つチカラについて考えてみたいと思います。

まず、いい言葉で思い出すのが、「座右の銘」ですね。古今東西の歴史上の人物の名言を蒐集《しゅうしゅう》した本は、これまでにもたくさんありました。

また、会社なら、創業者の言葉を企業躍進のキーワードとして捉え、直筆で書かれた言葉を、額に入れて、社長室や会議室に飾ってあるのは、よくある光景です。

しかし、私がここで提案するのは、座右の銘になるような名言などではありません。われわれが、普段何気なく使っている普通の言葉です。場合によっては、否定的に使われることもあるかもしれない、そんな言葉です。

私の知人の話から入りましょう。仕事や人間関係の難問の壁が越えられず、気分がイライラしたときに、自分に言い聞かせるように言った言葉。

「それではあきらめるか。やることはやったのだから」

別の知人の話。しばしの入院で、やっと退院したときに言った言葉。

「いい経験をした。これで人より長生きができる」

最後の知人の例。サイフごとお金を盗まれたときに言った言葉。

「盗むよりはマシだ」

私がここで言う「いい言葉」とは、こころが落ち込みそうになったときに、自分を勇気づけて、イヤな体験を後に引きずらないための、「呪文」のような言葉です。たったこれだけの言葉で、かなり気分転換になるのは、本当です。

気持ちの整理の上手い人とは、何か特別のことをする人ではなく、むしろ、あっさりと考えることのできる人ではないでしょうか。「ダメなものはダメ」なのだからと考え、早めにイライラを解消できる人のことです。

「あきらめて　いい経験と思えれば　少しはもっとマシになるはず」

私が言いたいのは、こういう「こころの余裕」を持つことです。

ここまできたら、私自身の「魔法の言葉」を紹介しないわけにはいきませんね。ツイてないときに、これを乗り切るために、私がよく言う言葉です。同時に、本書の意図するところを締めくくる言葉でもあります。

「まあ、いいか」

本書は『楽しい人生に必要な100の言葉』（四六判、二〇〇六年刊行）、『人生に必要な100の言葉』（文庫判、二〇〇九年刊行）の新装版です。

著者紹介

斎藤茂太　1916年、歌人・斎藤茂吉の長男として東京に生まれる。精神科医・医学博士。精神神経科斎藤病院名誉院長をはじめ、日本精神科病院協会名誉会長、アルコール健康医学協会会長、日本ペンクラブ理事、日本旅行作家協会会長などの要職を務めた。ユーモアと人間味あふれる人生論やエッセイは、多くの読者に感動を与え、2006年11月に没後もなお、ロングセラーをつづけている。

人生《じんせい》に必要《ひつよう》な100の言葉《ことば》

2016年12月1日　第1刷

著　者　斎《さい》藤《とう》茂《しげ》太《た》
発行者　小澤源太郎

責任編集　株式会社 プライム涌光
電話　編集部　03(3203)2850

発行所　株式会社 青春出版社
東京都新宿区若松町12番1号 〒162-0056
振替番号　00190-7-98602
電話　営業部　03(3207)1916

印　刷　共同印刷　　製　本　大口製本

万一、落丁、乱丁がありました節は、お取りかえします。
ISBN978-4-413-23016-2 C0011

なぜ、いちばん好きな人と
うまくいかないのか？
ベストパートナーと良い関係がずっとずっと続く処方箋
晴香葉子

終末期医療の現場で教えられた
「幸せな人生」に必要な
たった1つの言葉〈メッセージ〉
大津秀一

その英語、
ネイティブはカチンときます
デイビッド・セイン

アメリカ抗加齢医学会の新常識！
老化は「副腎」で止められた
心と体が生まれ変わるスーパーホルモンのつくり方
本間良子　本間龍介

1時間でわかる省エネ住宅！
夢を叶える家づくり
本当に快適に暮らす「パッシブデザイン」の秘密
高垣吾朗

青春出版社の四六判シリーズ

すべてを叶える自分になる本
魂が導く「転機」に気づいた瞬間、求めていた人生が動きだす！
原田真裕美

中学受験は算数で決まる！
西村則康

子宮を温める食べ方があった！
定真理子　桑島靖子

子どもの心と体を守る
「冷えとり」養生
今津嘉宏

本当は結婚したくないのだ症候群
「いつか、いい人がいれば」の真相
北条かや

玉ねぎ　みかん
「皮」を食べるだけで病気にならない
1日「小さじ1杯」で驚きの効果
熊沢義雄　川上文代〔協力〕

お金のこと、子どもにきちんと教えられますか？
自立できる子が育つお金教育
河村京子

会社を辞めて後悔しない39の質問
俣野成敏

超一流の営業マンが見えないところで続けている50の習慣
菊原智明

「いいこと」ばかりが起こりだすスピリチュアル・ゾーン
それは、すべてが自動的に起こる領域
佳川奈未

青春出版社の四六判シリーズ

目を動かすだけで「記憶力」と「視力」が一気によくなる！
中川和宏

一瞬で人生がうまく回りだす魂の力
越智啓子

冷蔵庫から始める残さない暮らし
よりスリムに心豊かな生活へ
中野佐和子

七田式　子どもの才能は親の口グセで引き出せる！
七田　厚

自分を動かす名言
佐藤優選
佐藤　優

「敏感すぎる自分」を好きになれる本
長沼睦雄

ミステリー小説を書くコツと裏ワザ
若桜木虔

マンガ 新人OL、つぶれかけの会社をまかされる
佐藤義典［著］ 汐田まくら［マンガ］

結局、「1%に集中できる人」がすべてを変えられる
質とスピードが同時に手に入るシンプル思考の秘訣
藤由達藏

「自分の働き方」に気づく心理学
何のために、こんなに頑張っているんだろう…
加藤諦三

青春出版社の四六判シリーズ

1分間小論文
最小の努力で最大の結果が出る
石井貴士

ちょっとしたストレスを自分ではね返せる子の育て方
土井髙德

約束された運命が動きだすスピリチュアル・ミッション
あなたが使命を思い出すとき、すべての可能性の扉が開く
佳川奈未

難聴・耳鳴り・めまいは「噛みグセ」を正せばよくなる
長坂 斉

塾でも教えてくれない中学受験 国語のツボ
小川大介［著］ 西村則康［監修］